AF306190

UNE STATION

A

LA SORBONNE

Paris. — Impr. de Ad. Lainé et J. Havard, rue des Saints-Pères, 19.

UNE STATION

A

LA SORBONNE

PAR

M. L'ABBÉ HENRI PERREYVE

PROFESSEUR A LA SORBONNE

PARIS,

CHARLES DOUNIOL, LIBRAIRE-ÉDITEUR

RUE DE TOURNON, 29

1865

✠

A LA CHÈRE MÉMOIRE

DE

FRÉDÉRIC OZANAM

PROFESSEUR A LA SORBONNE

MORT JEUNE

AU SERVICE DE LA SCIENCE

ET DE LA FOI.

—

M.·DCCC. LXIV.

✠

Les Discours recueillis dans ce volume ont été
prononcés à Paris, en l'église de la Sorbonne,
pendant le mois de mai 1864.

. . 15 septembre 1864.

UNE STATION

A

LA SORBONNE.

1

MARIE, REINE DES SCIENCES.

Pour l'ouverture du Mois de Marie.

MONSEIGNEUR [1], MESSIEURS,

Puisque le premier jour d'un mois que nous aimons, et que la piété des âmes catholiques consacre à la glorieuse

[1] Monseigneur l'Évêque de Sura, Doyen de la Faculté de théologie.

Vierge Marie, nous réunit en ce moment au pied des autels, je ne résiste pas au mouvement qui me porte à partager la joie filiale qui remplit ce matin les âmes pures, et à donner, pour les satisfaire, les premiers accents de ma voix à la louange de cette admirable et bien-aimée Reine du ciel. Allons, Chrétiens, oublions un peu nos travaux et nos peines. Que celui qui a souffert oublie ses souffrances ; que celui qui a pleuré sèche ses larmes ; que toute colère, toute amertume, toute angoisse soient chassées de cette assemblée ! O vous, qui avez apporté ce matin jusque dans le sanctuaire les tourments de ces désirs, de ces regrets, et, pour tout dire en un mot, de cette grande inquiétude qui fait le fond du cœur des hommes, déposez un moment votre douloureux fardeau, détournez les yeux de votre propre cœur ; êtes-vous donc à vous-mêmes un spectacle si heureux ? J'ai mieux à vous montrer ; j'ai à reposer votre regard sur un visage qui ne vous parlera que de consolation, de douceur et d'espérances ; j'ai pour vos douleurs et vos ennuis un refuge assuré. Ce sera le cœur doux et fort de la Vierge Marie, cœur chaste de la plus innocente des filles des hommes, cœur aimant et secourable de la plus tendre des mères. Cependant, comme il faut un certain ordre jusque dans le langage de l'amour, je me demande, Chrétiens, quelles sortes de louanges je vais donner entre toutes à celle qui occupe en ce moment nos pensées. Je voudrais tout dire ; mon esprit est comme accablé par la multitude des idées qui le sollicitent. O Mère tendre et puissante, c'est l'éternel embarras de ceux qui osent parler de vous! Messieurs, une pensée m'est venue. Je ne dois pas peut-être oublier que je parle en ce moment dans l'église de cette antique Sorbonne, qui s'est toujours fait gloire d'unir au culte de la science le culte de Marie ; et parmi les souvenirs de ces anciens docteurs, qui, à la veille de leurs grands travaux, prononçaient le fameux serment de défendre toujours les prérogatives de la Vierge immaculée. Une si antique alliance, et si solennelle, entre la science et la dévotion à la Vierge Marie, décide de mon choix, et me persuade de vous montrer ce matin, comme je vais le pouvoir, dans cette glorieuse Vierge, *la Reine des sciences*. Ainsi toutes les convenances seront satisfaites, et nous aurons respecté tout à la fois et les graves souvenirs de cette illustre Maison où je parle, et les désirs de notre piété.

Daigne votre attention me suivre avec indulgence.

1

La première de toutes les sciences, Messieurs, est la science de la théologie ; elle est la première par son objet, qui est la connaissance de Dieu même, de ses éternels attributs, de ses actes et de ses mystères ; elle est la première par la dignité de la lumière dont elle s'é- claire : ce n'est pas ici seulement la lu- mière créée de l'intelligence humaine, *lumen illuminatum :* le théologien la pos- sède, mais il en connaît une supérieure. C'est le rayon direct de la science divine, c'est la clarté de la révélation, c'est la splendeur de la foi, *lumen illuminans.* Elle est la première enfin, parce qu'elle embrasse toutes les autres. Tout le domaine des sciences appartient au théologien, parce que ses méditations s'étendent de l'infini à l'infini, et que rien de ce qui concerne ou la gloire de Dieu ou la grandeur de l'homme et ses destinées éternelles et terrestres ne saurait lui être étranger. Or, parmi tant d'objets qui se disputent l'attention, le zèle, l'amour du théologien, parmi tant de sublimes trésors qui lui appartiennent et qui embellissent son royaume, il en est un, Chrétiens, qui, Dieu seul excepté, surpasse tous les autres en excellence, et c'est la sainte Vierge Marie. Comment n'occuperait-elle pas le premier rang dans la science de Dieu, elle qui approche et qui touche Dieu par tant de titres étonnants? Vous rappelez-vous, Messieurs, le solennel éloge que Bossuet fit retentir un jour sur la tombe d'une illustre princesse? Il la montrait, dans son grand langage, « fille, femme et mère de rois. » Ah! que l'éloquence de Bossuet me le pardonne! je connais un plus grand éloge à faire d'une plus illustre princesse, et si l'histoire pouvait saluer dans Henriette d'Angleterre comme trois apparitions de la majesté royale, la théologie peut saluer en Marie trois apparitions de la majesté divine, et dire à ses pieds : « Je vous salue, Marie, fille, épouse et mère de Dieu! »

Fille de Dieu; oui, son ouvrage, son chef-d'œuvre, celle qu'il a destinée à réparer les ruines de l'humanité antique, la seconde Ève sortie de ses mains, char-

gée de relever le monde en préparant
dans son chaste sein un tabernacle digne
de recevoir le Sauveur. La voyez-vous,
Chrétiens, cette jeune Vierge, modèle
éternel d'innocence, de pureté, de simplicité, d'obéissance à la volonté de Dieu ?
elle est, si je l'ose dire, de la part de
Dieu, l'objet d'une passion et d'une jalousie paternelles. Qui ne sait, mes Frères, les tendres prédilections d'un père
pour une fille bien-aimée ? Qui ne sait
que la nature elle-même consacre cette
prédilection par des traits étonnants et
comme singuliers ? Qui ne connaît, sans
l'expliquer, le mystère de ces ressemblances profondes qui reportent sur le
front d'une jeune fille les sinuosités du
visage paternel, et ramènent, transfigu-
rées dans l'innocence et dans la candeur,
les signes héréditaires du génie et de la

vertu. Mais quoi! si telle est la puissance de la paternité des hommes qu'elle peut graver sa ressemblance sur le visage d'une fille bien-aimée, que penserons-nous de la paternité de Dieu? N'en doutez pas, Chrétiens, elle imprima tous ses traits admirables dans l'âme de la bienheureuse Marie, et c'est la première joie du théologien d'étudier cette touchante et divine ressemblance.

Sa seconde joie est de suivre dans ses développements l'histoire de l'amour de Dieu sur Marie. Il l'a aimée comme fille, l'heure vient où il va l'aimer comme épouse. C'est le second pas de l'amour de Dieu vers elle. L'Éternel lui-même est ravi par la perfection de son ouvrage; il veut s'unir à cette créature si belle et qu'il a ornée de toutes les vertus. Je n'ose égaler la hardiesse de la sainte

Écriture : « *Concupiscet Rex decorem tuum* [1] : Le Roi éternel se prendra d'amour pour ta beauté. *Veni, formosa mea, veni, columba mea, coronaberis* : Viens, ma bien-aimée; viens, ma pure et immortelle colombe, c'est toi que je couronne [2]. » Et tant de textes touchants et forts, où l'Esprit même de Dieu a gravé le souvenir de son amour pour l'admirable Marie. Le théologien ne se lasse pas de contempler cette union divine, et d'en admirer les conséquences sur toute la suite des destinées humaines. A quelle hauteur une telle union n'élève-t-elle pas, en la personne de Marie, toute l'humanité? Qui se plaindra maintenant que le christianisme abaisse trop la race des hommes, et fasse trop

[1] Ps. XLIV, 12.
[2] Cantic. IV, 8.

petite la part de ses gloires et de ses grandeurs? La voilà, cette humanité que vous vouliez confondre avec Dieu, la voilà sur le trône où vous vouliez la voir. Mais ce n'est pas l'orgueil qui l'y a mise; elle ne doit rien à elle-même, elle doit tout à l'amour de son Dieu, tout à l'heure son Père, maintenant son époux : *Respexit humilitatem ancillæ suæ... fecit mihi magna qui potens est* [1]. »

Mais une troisième grandeur arrête et ravit le regard du théologien. Marie ne sera pas seulement la fille de Dieu ; elle n'aura pas seulement attiré son choix et ses complaisances d'époux : Dieu veut d'elle plus encore que l'amour d'une fille et que l'amour d'une épouse, et lui-même il veut l'aimer d'un troisième

[1] Luc, 1, 46.

amour. Que dirai-je de vous, ô sainte maternité divine, si ce n'est que vraiment je n'en sais rien dire qui égale et la grandeur de mon admiration et la profondeur de ma reconnaissance? Qu'y a-t-il de plus grand dans le monde, Messieurs, que l'honneur maternel? Voyez la plus pauvre des femmes passer, sous ses haillons, dans les rues de nos cités. Quoi de plus chétif, quoi de plus indifférent, quoi de moins digne d'attention? Mais que cette femme se baisse, et qu'elle élève dans ses bras, et qu'elle réchauffe contre son cœur, et qu'elle presse contre son sein, et qu'elle baigne de ses larmes cette pauvre petite créature qui est le fils de l'homme, ah! quelle couronne est descendue sur sa tête, quelle auréole l'enveloppe, quelle dignité la préserve, quelle autorité la couvre! Un

si grand respect me saisit devant elle,
que ni reine, ni impératrice sur leurs
trônes ne me semblent égaler sa majesté
souffrante. Ce n'est plus une femme in-
différente et telle quelle : c'est une
mère ! O dignité, ô grandeur maternel-
les ! si je vous admire dans l'abaissement
de la misère humaine, que vais-je dire
de vous dans l'honneur incomparable
de la maternité divine? Le concevez-
vous, Chrétiens? l'avez-vous jamais médité? Quoi donc! elle le porta d'abord
dans son sein, lui, le Dieu éternel ; elle
régla par son cœur les battements de
son cœur ; elle mit dans ses veines le
sang de ses veines ; elle tressaillit de ses
tressaillements ; elle le vit paraître enfin, et put s'assurer à Bethléhem de la
réalité de ses grandeurs !

Mais quoi ! il y a toujours une grande

ombre sur l'honneur maternel; et si c'est une gloire pour les filles des hommes, c'est une gloire digne d'abord d'être pleurée. Le monde a beau jeter sur cette heure des noces l'étourdissement de ses plaisirs : une grande mélancolie domine tout, et ramène dans toutes les pensées le souvenir d'un irréparable sacrifice. Mais, comme pour permettre aux hommes de reposer une fois leurs regards sur l'honneur sans tache d'une maternité sans sacrifice et sans regrets, la bienheureuse Marie est admise à faire à Dieu même ses conditions. Vous savez tous, Chrétiens, dans quel langage elle ose bien les faire. « O sainte virginité! s'écrie Bossuet, ô pureté admirable! qui n'est pas seulement à l'épreuve de toutes les promesses des hommes, mais encore, et voici bien plus, de toutes les pro=

messes de Dieu[1] ! » Ainsi Marie gardera pur et immaculé en sa main le lis de la pureté virginale, et cependant Marie sera mère, et elle portera devant tous les hommes le fardeau bien-aimé de l'Enfant-Dieu :

Gaudia matris habens cum virginitatis honore.

O maternité virginale! ô virginité maternelle! qu'admirer, mes Frères et que louer davantage? Tous les saints, tous les docteurs ont avoué ici leur découragement, et toute la théologie a protesté qu'elle était impuissante à égaler par ses réflexions la grandeur d'un si divin objet.

Paraissez donc, paraissez maintenant, illustres Pères de l'Église, savants docteurs, graves théologiens des siècles pas–

---

[1] Sermon pour la fête de l'Annonciation.

sés, vous qui avez épuisé votre science à connaître et à enseigner les grandeurs de Marie : Irénée, Clément d'Alexandrie, Origène, Épiphane, Athanase, Ambroise, Jérôme, Augustin, Cyrille, et tous les Pères du grand concile d'Éphèse, et vous S. Anselme, et vous tendre et illustre S. Bernard si dévoué au culte de Marie, Albert le Grand, S. Dominique et S. François, S. Thomas d'Aquin, docteur angélique, et S. Bonaventure, et vous grave et immortel Gerson, et vous François de Sales, modèle des évêques, et vous enfin, gloires de la France et de l'esprit humain, Fénelon et Bossuet : vous êtes dans l'ordre théologique les grands seigneurs d'une cour dont Marie est l'auguste Reine; venez proclamer, mieux que ma voix ne sait le faire, que Marie est la reine de la théologie, et par votre

illustre cortége faire respecter de toute
la terre la majesté de votre Reine. Pendant que vous continuerez d'accompa-
gner son triomphe, je passe aux philosophes.

II

Le philosophe, Messieurs, se distingue
du théologien; non pas que souvent
l'un et l'autre ne poursuivent le même
objet éternel, mais parce qu'ils diffèrent
dans le mode et dans l'instrument de
leurs recherches. Le théologien voit les
choses de Dieu dans la lumière même de
Dieu, *in lumine tuo videbimus lumen*[1];
le philosophe les regarde dans la lumière

[1] Ps. XXXV, 10.

de sa raison. On peut dire ainsi que le théologien cherche Dieu en Dieu, tandis que le philosophe cherche Dieu et l'homme dans l'homme. Ce qu'il faut donc au philosophe, c'est l'homme parfait; c'est une créature intelligente, éclairée; c'est une raison droite, ferme et pure; c'est une âme dont rien n'ait altéré la vigoureuse et vaillante clarté, qui contienne la lumière au dedans de soi et la laisse échapper comme un pur cristal, en sorte que rien ne soit perdu de ses rayons : *transluceat!* Si cette âme limpide, forte et pure est pour toi, ô philosophe, l'idéal de l'esprit humain, tu peux te reposer dans ta course; et, comme cet ancien sage, t'écrier que tu as trouvé ton trésor, Εὕρηκα! La voici, cette raison parfaite qu'aucune passion n'a troublée, qu'aucun orgueil n'a égarée, qu'aucun

sensualisme n'a ternie, qui reflète, limpide et pure, la lumière de Celui que
notre Bossuet appelle la Raison-Dieu, et
qui offre, dans l'ordre parfait de tout
elle-même, une image si étonnante et si
sincère de l'éternelle harmonie. Venez
donc à votre tour, princes de l'antique
sagesse, je veux vous faire admirer enfin
ce que vous avez tant rêvé dans ce
monde. Pythagore, regarde-la ; admire
son grand silence et l'austère obscurité
où vit cette âme dans la contemplation
de son Dieu. Socrate, regarde-la ; et toi
qui eus la gloire de chercher la vérité
dans le bien et dans la vertu, τὸ ἀγαθον,
confesse que voilà une sagesse qui passe
la tienne, et dont tes beaux rêves attei-
gnirent à peine le désir. Regarde-la, ô
Platon ; et toi qui excellais si bien à
poursuivre l'idéal d'une beauté absolue,

sans tache, sans infirmité, et qui déses-
pérais de jamais la rencontrer sur la
terre, avoue que tu la contemples
maintenant, cette beauté parfaite et sans
mélange, dans l'âme de Marie. Et vous
enfin, ô stoïques, si épris du courage et
de la résistance héroïque aux douleurs
humaines, regardez notre Mère au pied
de la croix; voyez-la debout, *Stabat,* of-
frant à Dieu le sacrifice sanglant de son
Fils, et avouez encore que vous n'avez
rencontré si grande magnanimité ni dans
les écrits de votre Zénon, ni dans ceux
de votre Épictète et de votre Marc-Aurèle.
Je n'invoquerai pas le témoignage de la
philosophie chrétienne; il est trop assuré
d'avance. O Marie, reine des théologiens,
je vous salue encore reine des philosophes; j'admire en vous cette ordonnance
admirable de toutes les facultés humaines

qui fait de votre âme le chef-d'œuvre de
l'intelligence et de la raison, et tandis
que les petits et les pauvres se consolent
de leur néant auprès de votre humilité,
je vois avec bonheur les philosophes et
les sages éblouis de la splendeur de sagesse éternelle qui vous enveloppe comme
d'un manteau de gloire : *mulier amicta
sole* [1].

III

Après la science des théologiens et
des philosophes, je rencontre une troisième science digne de paraître ici par
l'excellence de son ministère : je veux
dire la science de la justice, la science

[1] Apocal., XII, 1.

du droit, et l'Église m'avertit que notre grande et admirable Vierge Marie est encore reine dans ce nouveau domaine, puisqu'elle fait chanter à ses fidèles : « Marie, miroir de justice, priez pour nous ! *Speculum justitiæ, ora pro nobis !* » Messieurs, c'est l'honneur de la justice qu'elle n'est point seulement une connaissance spéculative, mais une puissance active, qui décide, commande et fait exécuter ses décrets. La science de la justice est ainsi, tout à la fois, une science théorique et une science armée ; et vous tous, Messieurs, qui étudiez cette science, vous vous attachez à connaître en elle et les préceptes qui règlent ses décisions et les moyens de faire exécuter ses volontés. A ces deux points de vue, je n'hésite pas à dire que Marie est votre reine ; reine de la justice qui connaît le droit et le garde, reine de la justice qui combat l'injuste et le détruit. N'avez-vous pas, Messieurs, coutume de dire dans vos écoles que le droit consiste à rendre à chacun ce qui lui est dû. *Jus est suum cuique tribuere?* Regardez donc la vie de la bienheureuse Marie : quelle justice! quel respect du droit! comme elle rend à chacun ce qui lui est dû! à Dieu ce qui est à Dieu, par son adoration, son humilité, son obéissance : *Ecce ancilla Domini* [1]; à son divin Fils ce qui lui appartient en amour et en dévouement jusqu'au Calvaire; mais que dis-je? à tous, à ses parents, à sa parente Élisabeth, ce qui leur appartient en prévenances et en honneur; aux convives de Cana, tout ce que réclame, et bien plus, leur bonne hospitalité; toujours

---

[1] Luc, I, 38.

équitable et juste; et encore nous ne sa-
vons presque rien, et le silence de l'É-
vangile nous dérobe la suite de cette admirable vie. Je ne m'étonne plus, mes
Frères, que cette splendeur de justice
qui règne sur toute la destinée de Marie
ait inspiré aux opprimés de ce monde
l'espérance de triompher par ses mains;
et que plusieurs fois déjà, dans l'histoire
des sanglants et souvent tristes débats
de la justice en ce monde, cette grande
Reine du droit ait été invoquée par les
victimes contre la hideuse, sourde et
implacable obstination de la violence et
de l'iniquité. Quand le fanatisme musul-
man, encore une fois soulevé, menaça la
liberté de l'Europe, c'est une image de
la Vierge que les soldats de Lépante ar-
borèrent sur leurs navires victorieux; et
nous, Français, pourrions-nous jamais

oublier que c'est au pied d'un autel dédié à Marie que fut découverte, comme par miracle, l'épée de Jeanne d'Arc qui sauva notre France, et que l'étendard de l'immortelle martyre de notre grandeur nationale ne montra jamais aux Anglais déconcertés et vaincus que l'image de la Vierge Marie? Ah! qu'ils espèrent donc, même contre l'espérance, *contra spem in spem*, ceux qui, combattant pour la justice en ce monde, ont su prendre cette invincible Vierge pour leur protectrice. Qu'ils entendent bien le langage des divines Écritures. Cette Vierge que vous avez sur vos étendards, elle n'est pas seulement « brillante comme le lever de l'aurore, belle comme l'astre des nuits, choisie comme le soleil, *quasi aurora consurgens, pulchra ut luna, electa ut sol;* elle est encore terrible comme une armée rangée en bataille, *terribilis ut castrorum acies ordinata*[1]. » O Vierge, ô protectrice, ô splendeur de la justice armée, regardez sur la terre les cœurs humiliés, brisés, contredits dans leurs désirs, et soyez leur salut contre la force injuste, *Speculum justitiæ, ora pro nobis!* Mais surtout regardez les nations qui souffrent, pleurent, et agonisent depuis un siècle pour la justice, et qui, ayant placé votre nom et votre image sur leurs drapeaux, ne veulent pas renoncer à l'espérance : Reine de Pologne, priez pour eux! *Regina Poloniæ, ora pro nobis!*

[1] Cantic. Canticor., VI, 9.

IV

Reine de la théologie, reine de la philosophie, reine de la justice et du droit, Marie est encore reine de l'*histoire*, et c'est encore une science que je veux faire entrer dans son empire.

Messieurs, nos adversaires le reconnaissent, et ils sont forcés de l'écrire à la première page de leurs livres : « L'événement capital de l'histoire du monde est la révolution par laquelle les plus nobles portions de l'humanité ont passé des anciennes religions comprises sous le nom de paganisme à la religion chrétienne. »

Oui, Messieurs, et il n'y a pas à s'y tromper ni à vouloir contredire, c'est là certainement et absolument le plus grand événement de l'histoire. Le plus grand événement n'est pas le démembrement de l'empire d'Alexandre, ce n'est pas la chute de la république romaine, ce n'est pas la grande invasion barbare, ce n'est ni la bataille de Salamine, ni celle d'Actium, ni celle de Poitiers, ni celle de Waterloo; quoique ces noms soient les plus illustres de l'histoire, ils ne divisent pas l'histoire humaine; et si vous vouliez les prendre à toute force pour la diviser, vous ne parviendriez pas à être écoutés de vingt disciples, parce que la force des choses protesterait contre vous, et que la grande marche historique des siècles vous emporterait, vous et votre système, sans que personne vous accordât même l'honneur d'y faire attention. Ce qui divise l'histoire, ce qui est, comme on l'a écrit, « le joint des deux feuillets de l'histoire, » c'est la naissance de Jésus-Christ. Toute l'antiquité s'arrête là, comme là commence tout le monde moderne, et la crèche de Bethléhem sert tout à la fois et de sépulcre à l'antiquité païenne et de berceau à la nouvelle humanité. Encore une fois, Messieurs, ceci est incontestable, incontesté, accordé ; il n'y a pas à résister à la force des choses, et cela est ainsi. Mais quel est le premier acte de cet événement, le plus grand de toute l'histoire? Je vais le dire en deux mots, et par les paroles mêmes de l'évangéliste saint Luc : « En ce temps, l'ange Gabriel fut envoyé par Dieu en une cité de Galilée nommée Nazareth, vers une vierge fiancée à un homme nommé Joseph, de la maison de David, et le nom de la vierge était Marie. *Missus est angelus Gabriel a Deo ad virginem desponsatam... et nomen virginis Maria.* Et l'ange, entrant vers elle, dit : Je vous salue, pleine de grâce, le Seigneur est avec vous : *Et ingressus angelus ad eam dixit : Ave, gratia plena.* » La vierge s'étonne, elle se trouble, elle délibère; elle connaît enfin tout le mystère des volontés divines, et prononce cette parole, à laquelle semblent suspendues toutes les destinées de la terre et celles même du ciel : « Voici la servante du Seigneur : qu'il me soit fait selon ta parole : *Ecce ancilla Domini, fiat mihi secundum verbum tuum*[1]. » Faut-il admirer avec tous les Pères et tous les docteurs la puissance de cette parole, *Fiat!* et la rapprocher de celle qui, aux premiers jours, créa

______
[1] Luc, I, 26 et suiv.

de rien tout l'univers? Mais je ne veux parler qu'aux historiens : à partir de ce moment, le plus grand événement de l'histoire humaine commence, et la terre porte déjà celui qui décidera du partage des siècles. Oui! c'est en vain, ô Marie, que vous cachez votre gloire dans ce village de Galilée; c'est en vain que vous y cachez votre trésor, et que les larmes d'une adoration secrète répondent seules à la grandeur des volontés divines sur vous : tous les efforts de votre humilité ne vous sauveront pas; vous êtes déjà la plus illustre des créatures, vous êtes la maîtresse des temps, vous êtes l'arbitre des destinées humaines, vous êtes l'objet immortel des bénédictions des hommes. La première fois que vous ouvrez les lèvres, la vérité l'emporte, et vous le chantez vous-même dans le cantique de votre action de grâces : « Toutes les générations m'appelleront bienheureuse : *Beatam me dicent omnes generationes* [1]. »

C'est à vous maintenant de venir, historiens, et vous qui prétendez critiquer toutes les histoires et les refaire selon votre bon plaisir. Je vous préviens que vous ne pouvez toucher au drame général de l'histoire humaine sans rencontrer la Vierge Marie ; elle vous est inévitable, et il ne s'agit que de savoir comment vous la traiterez. Ah ! prenez garde ! vraiment je prends ici vos intérêts. Si vous avez le malheur d'être l'ennemi des choses chrétiennes, quelque brillants que soient les jeux de votre esprit, quelque ingénieuses que soient en vous la colère, la rancune et la haine, retenez

[1] Luc, I, 48.

ici vos coups, mesurez vos paroles, ne touchez pas à la couronne de cette virginité maternelle ; ne risquez ni un soupçon, ni un sourire : celle qui est devant vous est la Reine des siècles ; sa gloire vous survivra. Elle n'a fait que grandir avec le temps ; obscure aux jours des apôtres, elle remplit aujourd'hui le monde. Une infortune particulière pèse sur ses blasphémateurs : ils disparaissent dans des abîmes exceptionnels de dégoût et de mépris. Cependant l'histoire passe et salue tranquillement sa Reine immortelle !

Reine de justice, priez pour nous ; Reine de l'histoire, priez pour nous ; et j'ajoute enfin ; Reine des arts, priez pour nous ! Messieurs, l'objet propre de l'art est le même que celui de l'amour, c'est la beauté. Mais comme il y a dans le monde deux amours, selon le grand mot de saint Augustin : *Fecerunt civitates duas amores duo*[1], l'un qui tend à posséder Dieu dans le ciel, l'autre qui tend à le fuir et à se rassasier sur la terre ; il y a de même deux idéals de la beauté, qui se partagent et qui se disputent les cœurs des hommes : l'idéal d'une beauté pure, chaste, spirituelle, dégagée de toute bassesse, angélique et vraiment divine ; et un autre idéal, celui qui flatte les passions abaissées de l'homme déchu. De là, Messieurs, cette grande guerre qui règne dans l'art entre les hommes de l'esprit et ceux de la chair. Mettez le même archet dans les mains de deux artistes : l'un va enlever les âmes sur l'aile de ses pures et austères vibrations, et les porter jusqu'au trône de la beauté

[1] Aug., *de Civit. Dei.*

éternelle; l'autre éveillera en vous des émotions suspectes, et jettera votre cœur dans ces langueurs dangereuses où s'affaiblissent l'honneur et la vertu. Placez le même pinceau dans les mains de ces deux peintres : l'un mettra toutes les effronteries de la chair et du sang jusque dans les choses de l'esprit; l'autre fera briller la sublime innocence de l'esprit jusque dans la réalité de la chair. Comment cela? et d'où vient ce grand contraste? Ah! ne vous en étonnez point. Ces deux hommes n'aiment point la même beauté, ils ne poursuivent pas le même idéal, ils appartiennent à deux royaumes contraires, l'un que domine l'étrange fascination du mal, l'autre que gouverne la souveraine beauté de l'ordre, de la pudeur et de la vertu.

Je viens de nommer votre royaume,

ô Marie, et à qui ai-je besoin de dire, dans cette intelligente assemblée, que vous avez exercé sur l'art le plus direct, le plus puissant, le plus bienfaisant des empires, en élevant toujours devant les regards des artistes l'idéal divin de votre chaste et admirable beauté? Quand les premiers chrétiens, cachés dans les catacombes, voulurent fermer les yeux aux symboles impurs de la beauté païenne, ils rêvèrent à vous, et commencèrent à tracer sur les tombes des martyrs ces graves et austères visages de vierges qui devaient purifier les regards des générations à venir. La tradition s'établit de chercher, de plus en plus, en vous tout l'idéal de la beauté ; et quand un génie céleste parut et s'arma du pinceau, c'est dans la contemplation de votre beauté virginale qu'il trouva la force de vaincre les entraînements et les tentations du sensualisme. Qui dira, Messieurs, ce qu'eût été Raphaël sans le secours de ce divin idéal? Il y a ici des artistes, et je leur adresse cette question. Ce grand archange de la peinture était environné d'immenses périls : il les trouvait dans une société sensuelle et corrompue; il les trouvait dans toutes les tentations de l'orgueil; il les trouvait dans cette nature des artistes, poétique, sensible et trop facilement éprise de tous les vestiges de la beauté. Quel Raphaël aurions-nous eu, Messieurs, si dans ce grand génie n'avait habité l'idéal de la beauté vierge? Cet idéal le sauva. De temps en temps, comme pour témoigner de sa reconnaissance à cet hôte divin et sauveur, il traça de sa main les méditations de son amour. Ce sont ces vierges immortelles qui raviront toujours l'admiration des hommes. Mais, en sauvant le génie de Raphaël, la beauté de la vierge Marie avait sauvé l'art tout entier, et les artistes n'ont pas cessé parmi nous de chercher en elle leur plus douce et leur plus sainte inspiration.

C'est là qu'il avait cherché, c'est là qu'il avait trouvé les secrets de son talent vraiment virginal, ce grand artiste dont nous pleurons la mort, et dont la Vierge Marie me pardonnera de prononcer le nom dans un jour où je n'ai parlé que de ses gloires. Hippolyte Flandrin, nom cher à nos souvenirs, que le respect et l'admiration ont déjà consacré plus que la mort, c'est à vous maintenant de nous dire dans quelle région de l'âme vous contempliez le modèle de ces vierges admirables dont votre main ornait les murs sacrés de nos églises. Quand vous faisiez paraître sur les pierres ces cortéges angéliques qui marchent d'un pas si assuré, si tranquille et si solennel vers l'éternelle cité [1], où voyiez-vous le modèle de ces visages à la fois si calmes et si inspirés, si doux et si forts, si chastes et si beaux? Et quand, sur d'autres murs, fiers de porter vos derniers travaux [2], vous nous montriez la Vierge-Mère dans la ville de Bethléhem, couchée auprès de l'Enfant, comme une fille des hommes, mais radieuse et fière comme la Mère de Dieu, où pouviez-vous contempler l'image divine que traçait votre immortel pinceau? Ah! je le sais bien! vous n'aviez qu'à fermer les yeux, et à laisser

[1] Les fresques de l'église Saint-Vincent-de-Paul, à Paris.
[2] Les fresques de l'église Saint-Germain-des-Prés.

votre foi et votre amour de chrétien vous montrer dans votre âme ce qu'il fallait dire sur la pierre. La beauté de la sainte Vierge habitait votre génie : elle avait imprimé sur vos rêves d'artiste le sceau de sa pureté ; elle vous a donné la grâce rare et belle entre toutes d'être à la fois, jusqu'à la mort, un grand artiste et le plus chaste des artistes !

Reine de la théologie, donnez-nous la science de Dieu ! Reine des philosophes, donnez-nous la sagesse ! Reine de la justice, faites-nous des cœurs justes et intrépides pour la défense du droit ! Reine de l'histoire, donnez-nous l'intelligence des temps ! Reine des arts, bénissez nos arts ! donnez-nous des artistes qui connaissent et respectent votre empire, et qui cherchent en vous l'idéal de la beauté. Purifiez leurs mains, purifiez nos yeux, et montrez-nous que si vous êtes la gardienne de la pureté dans les âmes, vous êtes en même temps le modèle de la vraie beauté et l'inspiratrice du génie !

II

DE LA VIE FUTURE.

Pour la fête de l'Ascension.

MONSEIGNEUR, MESSIEURS,

Il n'y aura jamais rien de mieux à
faire pour celui qui a l'honneur de porter la parole de Dieu, que de suivre les

impulsions de la sainte Église, d'écouter le langage qu'elle parle à ses fils, et de le répéter avec un grand respect et une filiale docilité. En ce jour sacré, l'auguste Mère des chrétiens leur ordonne de lever les yeux; elle propose à leur méditation le mystère par excellence, celui de la vie future, celui des récompenses éternelles, celui de l'ineffable consolation; elle les invite à penser au ciel, à désirer le ciel, à parler du ciel. Nous lui obéissons, et nous abordons, par son ordre, ce grand sujet de vos espérances.

Parler du ciel! — Mais quelle entreprise est celle-ci, et comment des lèvres mortelles, liées par toutes les sortes de faiblesse, oseront-elles bien commencer le discours sur ce grand prodige dont l'Apôtre a dit ces redoutables paroles : « Ce que l'œil n'a pas vu, ce que l'oreille n'a pas entendu, ce que le cœur humain n'a pas compris : *Quod oculus non vidit, nec auris audivit, nec in cor hominis ascendit* [1]. » C'est cet abîme qu'il s'agit de sonder, c'est cet océan de gloire qu'il faut affronter, c'est ce soleil éblouissant qu'il faut fixer du regard. Je ne l'oserais jamais, chers Auditeurs, et je me garderais de proposer à vos intelligences une entreprise aussi téméraire, si je ne savais qu'il y a plusieurs manières de disserter de la vie future. Il y a la manière des saints, et il y a celle des rêveurs. Les rêveurs veulent pénétrer les secrets que Dieu s'est réservés, les saints se contentent des lumières que Dieu leur donne ; les rêveurs connaîtront tout : ni hauteur, ni profondeur ne les arrêteront, et leur impertinente impuissance

[1] I Cor. II, 9.

ne craindra ni de poser tous les problèmes, ni de soulever tous les voiles; les saints regardent le ciel avec des larmes qui ne laissent rien survivre de l'orgueil. Ils s'attachent aux promesses, ils les méditent, ils les développent, ils les éclairent l'une par l'autre. N'est-ce pas l'instinct du cœur toutes les fois qu'il s'agit d'une chère espérance? Ah! comme on recueille les moindres signes, comme on rapproche les moindres indices, comme on éclaire un mot par un mot, comme on fait avec soi-même, et sans se lasser, le commentaire de la plus brève parole! C'est ainsi qu'ont fait les saints, c'est ainsi qu'a fait la sainte théologie sur le grand sujet des espérances éternelles. Voilà comment la doctrine de l'Église sur la béatitude est tout à la fois humble et hardie, discrète et certaine, assez respectueuse des secrets divins pour avouer ce qu'elle ignore, et ne pas égarer les âmes dans des rêveries inutiles; assez inondée de lumières reçues d'en haut pour consoler l'humanité voyageuse, et lui donner le viatique « d'une espérance qui ne trompe pas [1]. »

Messieurs, c'est le bienfait de cette doctrine que je voudrais vous donner ce matin. Vous avez tous un grand besoin de le recevoir. C'est toujours une saisissante énigme qu'une grande assemblée; et il me semble impossible de contempler une nombreuse réunion d'hommes sans que de graves questions, pleines de mélancolie, ne s'élèvent dans le cœur. Je vous regarde, Chrétiens, et sous l'ordre et l'uniformité apparente qui président à cet auditoire, et par delà le silence

[1] Rom. V, 5.

que vous daignez faire devant ma parole, qu'y a-t-il au fond de vos cœurs? Quelle autre assemblée, invisible aux yeux mais visible à l'esprit, surgit alors et fait oublier la première? Quelle réunion confuse de toutes les pensées, de tous les désirs, de toutes les passions, de tous les regrets! Quelles différences dans les destinées, mais quelles ressemblances dans les douleurs et dans les combats! Quels frappants contrastes entre les vies qui commencent et celles qui s'achèvent! quelles aurores à côté de quels déclins! mais partout quelle grande inconstance! et, dominant toute cette confusion, quelle inévitable certitude que tout passe, tout s'enfuit, tout se précipite; qu'il y a dans ce monde plus de larmes que de joies; que la vie est fatigante, qu'on y souffre, qu'on y perd ce qu'on aime, qu'on y demeure seul après les ravissements des plus chères compagnies, qu'on n'obtient pas l'objet de ses plus innocents et de ses plus justes désirs, et qu'une seule chose reste au cœur : l'instinct d'un meilleur monde, et l'espérance!

Oui, Messieurs, je connais votre âme, parce que je connais la mienne; c'est assez, et, je le répète, vous avez besoin d'entendre parler du ciel.

Quant à moi, au moment où j'aborde avec vous cet océan de lumière et d'amour, effrayé de mes périls, mais non jusqu'à me décourager de mes devoirs, je n'adresserai à Dieu qu'une brève prière : les pauvres pêcheurs des côtes de Bretagne ont coutume de la prononcer tête nue, quand ils quittent le port et se livrent au premier flot : « Mon

Dieu, gardez-moi, car ma barque est petite et la mer est grande ! »

Il n'y a guère de maladie plus répandue parmi les hommes que celle du doute sur l'existence et sur les conditions de la vie future ; en sorte que la pensée la plus nécessaire au soutien et à la consolation de leur vie est en même temps la plus obscurcie par les faiblesses et les incertitudes de leur raison ; et je ne parle pas seulement, Messieurs, de ces matériels et de ces grossiers qui ne peuvent arriver à concevoir autre chose que ce qui se voit, se touche et se mange ; ces doutes cruels atteignent des âmes élevées, et troublent des cœurs vraiment spirituels et purs. Je ne me préoccuperai nullement dans ce discours de l'objection des grossiers et du doute matérialiste. S'il fallait cependant, sur ce sujet, en finir par un seul mot avec l'homme du matérialisme, je lui adresserais seulement cette parole connue de l'illustre Royer-Collard : « Savez-vous, disait un jour très-gravement ce philosophe à un parleur qui déclarait préférer à toutes les morts la mort subite, savez-vous, Monsieur, pourquoi vous voudriez mourir ainsi ? — Pourquoi, Monsieur ? — Monsieur, c'est parce que vous êtes un animal. »

Or je crois, Messieurs, et j'affirme que dans cet auditoire intelligent et délicat ne se trouve pas un seul *animal (animalis homo*[1]), c'est-à-dire pas une seule âme tombée dans l'outrageante infortune de se nier elle-même, et de borner ses destinées à celles de son corps.

[1] I Cor. II, 14.

J'admets que tous ici nous croyons à l'âme, et que nous en pouvons parler le langage. Cela ne m'empêche pas de savoir que certaines inquiétudes peuvent avoir touché plusieurs esprits au sujet de la vie future ; et ce sont ces inquiétudes que je voudrais calmer.

Qu'est-ce que le ciel ? Que fera-t-on dans le ciel ? Quel sera le bonheur du ciel ? A quoi emploiera-t-on l'éternité ? L'éternité ne sera-t-elle pas trop longue ? Tristes questions, auxquelles Jésus-Christ pourrait répondre encore : « O cœurs des hommes, aveugles et incapables de foi ! *O stulti et tardi corde ad credendum* [1] ! » Mais quel homme, et surtout quel prêtre oserait se montrer sévère à l'égard d'une souffrance humaine ? Non, Messieurs, j'en ai grande

[1] Luc, XXIV, 25.

et sérieuse compassion, et je vous propose, pour entrevoir mieux ce que sera le bonheur du ciel, de vous arrêter avec moi à ces trois pensées. Je ne les développerai pas : je ne ferai que les indiquer, m'en rapportant pour les commenter à vos méditations solitaires.

Le ciel, c'est l'intelligence satisfaite par la vérité clairement connue.

Le ciel, c'est la volonté sauvée du mal et fixée librement dans le bien.

Le ciel, c'est le bonheur dans la réunion.

I

Ai-je besoin de vous dire, chers Auditeurs, que l'intelligence humaine est

5.

tourmentée d'un inexprimable besoin de savoir, de comprendre, de connaître, et que cette grande faim et cette soif ardente de la vérité ne trouvent pas facilement dans ce monde leur rassasiement?

Ne parlons pas d'abord des savants et des philosophes, et de ceux qui font comme profession de chercher la vérité. Quand on parle des affaires de l'homme, il faut avoir le courage de prendre l'homme tel qu'il est dans la généralité de son existence. Or ce que je vois dans l'homme que je vois partout, c'est la pauvreté, c'est la misère intellectuelle. Occupés à de durs travaux, courbés sous un joug pesant et accablant, attachés et cloués à un travail brutal comme des rouages dans une machine, les hommes vivent, pour la plupart, dans la misère de l'esprit ; ils ne savent rien, ils ne comprennent rien ; et quand, de plus, ils ne croient rien, ils offrent le spectacle lamentable d'intelligences créées pour la lumière et qui s'abrutissent dans les ténèbres. Ne croyez pas, Messieurs, que cet état misérable d'ignorance et d'obscurité soit sans douleur pour ceux qui en sont les victimes. Un état si contraire à la première institution de Dieu ne peut pas être sans souffrance. Il y a dans les âmes les plus grossières des révoltes, des désespoirs, des élans brisés vers cette lumière qu'elles entrevoient ; mais leurs efforts sont bien inutiles, et elles retombent dans leurs ténèbres ; semblables peut-être au roi des airs qu'une main ignoble a emprisonné dans un étroit cachot : l'animal divin aperçoit, à travers les fentes de sa prison, ce brillant soleil dont la splendeur éblouissante est sa demeure et sa joie ; il s'élance pour se perdre dans les flots de sa lumière, mais il ne fait qu'ensanglanter ses chaînes.

Montons plus haut, si vous le voulez. Je regarde l'homme tel que nous le fait l'éducation publique dans les nations littéraires et civilisées. Je remarque d'abord, Messieurs, quelle peine c'est que le travail, et par quelles souffrances doit passer l'enfance de l'homme pour l'honneur menacé de savoir quelque chose. Huit, dix, quinze années de contrainte, d'esclavage, et d'une espèce d'emprisonnement, commencent l'histoire de la plupart des hommes, et font de ce qu'on appelle *le plus beau temps de la vie* quelque chose qui, à dire le vrai, n'est beau ni de près ni de loin, et jette souvent sur un grand nombre de destinées une première ombre douloureuse et inquiète. Encore l'intelligence humaine sort-elle de cet arsenal bien armée pour la lutte? C'est à vous, Messieurs, bien plutôt qu'à moi d'en décider. Il y a ici, je le sais, beaucoup d'hommes appelés par leur carrière à prononcer un jugement intellectuel sur les hommes; je crois qu'ils ne me contrediront pas, si j'affirme qu'on doit avoir rapporté des études de sa jeunesse le goût de savoir, la méthode du travail; mais que si l'on s'arrête aux résultats acquis, on retombe vite dans l'état de la pauvreté intellectuelle. Or la plupart des hommes s'arrêtent là. Presque tous, après les études de la première jeunesse, tiennent qu'ils en ont fini avec les questions spéculatives. Ils passent, comme on le dit, à des choses pratiques, c'est-à-dire à l'ambition, aux plaisirs, aux finances, et se rappellent vaguement (heureux encore quand c'est tristement) qu'ils avaient commencé jadis à connaître de plus grandes choses!

Mais venons enfin aux esprits d'élite, aux âmes touchées de l'ardeur de connaître, de savoir, de pénétrer les problèmes divins. Si ces esprits courageux n'ont, pour les soutenir dans leurs efforts, que leurs propres lumières, qui ne sait par avance les résultats probables de leurs travaux? Quelle difficulté, Messieurs, pour trouver seul la vérité! Quelles fatigues, récompensées le plus souvent par quelles incertitudes! quels éternels retours des mêmes problèmes! quelles redites dans l'hésitation! Quel tournoiement de la raison sur elle-même! A chaque instant, dans le dernier livre, dans l'ouvrage récent, dans la publication le plus fraîchement éclose, c'est le vieil Épicure, c'est le cynique Diogène, c'est Sénèque et sa belle déclamation, ce sont les Sophistes marqués du fouet de Socrate et de Platon, qui reviennent en plein dix-neuvième siècle, et prétendent aux honneurs de la nouveauté; et il faut recommencer toujours les mêmes réfutations des mêmes erreurs. Quelles recherches infructueuses! Quelles pauvres raisons, faute de meilleures! et quelle triste attitude d'une science pleine de doutes fondamentaux, et réduite encore à faire bonne mine!

Mais enfin, Messieurs, et ici je vais peut-être vous étonner, que dirai-je de nous, Chrétiens, et de notre science des choses divines? Est-ce une science parfaite, telle qu'il faille s'en contenter absolument et ne plus rien chercher au delà?

Ah! je le sais, c'est une lumière admirable que celle de la foi; et quand on vient de considérer les angoisses douloureuses des esprits livrés à leurs seules lumières, on sent plus que jamais le prix de ces divines certitudes qui donnent à l'âme de l'enfant les solutions les plus élevées et les plus raisonnables sur tous les grands problèmes de la destinée humaine. On s'attache à cette lumière, on l'aime, on en bénit Dieu, on ne demande que sa plus abondante effusion. « *Adauge nobis fidem* [1]! » Et cependant, Chrétiens, j'oserai le dire, il y a un grand manque dans la foi. C'est que l'intelligence de l'homme est faite pour un plus grand honneur que celui de croire : c'est la vision de la vérité qu'il lui faut. La foi lui montre Dieu, je le

[1] Luc, XVII, 5.

sais bien ; mais elle le lui montre dans le miroir et dans l'énigme, comme parle saint Paul, *per speculum et in œnigmate,* et c'est plus, bien plus qu'elle veut ! elle est faite pour le voir éternellement, face à face, *facie ad faciem;* à visage découvert, *revelata facie;* non plus tel que nous le montrent les prophéties, les figures ou les mystères, mais tel qu'il est, *sicuti est.* Elle est faite pour le connaître, — oserai-je le dire ? certes je ne l'oserais jamais si saint Paul ne l'avait prononcé avant moi, — pour le connaître comme elle est connue : *cognoscam, sicut et cognitus sum*[1].

Ah ! c'est cette vue que je veux !

Chrétiens, plaignons-nous un moment, d'une plainte respectueuse, et qui ne pourra que plaire au cœur de ce

[1] 1 Cor. XIII, 13.

grand Dieu que nous cherchons! O soleil de vérité, splendeur éternelle, mon esprit languit à ne vous voir jamais que dans les ombres et dans les énigmes! toujours croire! toujours attendre! toujours soutenir nos pensées par des raisons tirées de l'invisible! ne jamais tenir, ne jamais presser, ne jamais posséder un moment ce qu'on aime par courage et par volonté depuis son enfance! Seigneur, on se lasse, on se fatigue ; il y a les heures des soupirs et des désolations intérieures! Ah! tout cela ne finira-t-il pas? et quelque chose de plus doux et de plus heureux ne viendra-t-il jamais remplacer dans nos cœurs la foi et l'espérance?

Eh bien, Messieurs, c'est la vision qui les remplacera, quand ce ne sera plus le temps de la terre, mais l'éternité du ciel.

Oui, oui, un jour viendra où toute cette longue histoire de l'ignorance humaine, volontaire ou involontaire, coupable ou innocente, aura passé ! Un jour viendra où ces grandes multitudes humaines qui accomplissent dans le travail la solennelle expiation imposée aux premiers jours arriveront à la jouissance de la lumière éternelle, et se pénétreront de sa chaleur et de sa vie ; comme on voit dans un champ de blé, au lendemain des orages, les épis se redresser lourds et revêtus d'or, et se balancer avec orgueil et comme avec plaisir sous le soleil. Oui, oui, qui que tu sois, mon pauvre frère, accablé maintenant et humilié dans l'abîme de ton ignorance, crois seulement et espère, parce que c'est l'heure de croire et d'espérer ! Un jour viendra où tu connaîtras des vérités que le génie d'Aristote n'a pas même entrevues, et où des clartés refusées hier à Bossuet remplaceront dans ton âme la foi du charbonnier !

Et vous, esprit d'élite, âme ardente à la science, enflammée d'une curiosité infatigable, et toujours en travail et en enfantement de quelque découverte, je voudrais tout à la fois vous décourager et vous encourager dans une si belle ardeur : vous décourager de chercher seul cette vérité que vous avez bien raison de vouloir posséder, et vous encourager à la chercher selon Dieu. Ah ! si vous la poursuivez avec un cœur droit et pur, avec une obéissance raisonnable à la parole divine, avec la résolution de tout sacrifier à sa découverte, je vous annonce une grande joie : *Ecce evangelizo vobis gaudium magnum* [1], c'est qu'un jour qui n'est

[1] Luc, II, 10.

pas loin, vous saurez clairement toutes ces raisons secrètes et profondes que vous avez tant cherchées. Ces dures et insupportables limites qui à chaque instant venaient contrarier votre intelligence, et vous forcer d'avouer votre défaite, auront disparu ; vous serez dans la paix glorieuse de la science satisfaite, et vous aurez de plus cette joie de pouvoir vous abandonner à la félicité d'une si grande victoire sans rencontrer les abîmes de l'orgueil. Quand la science d'ici-bas découvre l'aile d'un ciron ou une vingtième manière de combiner deux substances, elle s'enfle, elle se prélasse parmi les hommes, elle annonce partout ce qu'elle a trouvé, elle s'étonne que l'univers s'obstine à parler d'autre chose. La science du ciel sera plus puissante et plus humble. Elle saura rapporter à Dieu seul tout l'honneur de la plus grande des victoires, et ne s'enivrer de rien en possédant tout.

Et vous enfin, Chrétiens, consolez-vous de la patience et de l'attente dans la pensée de cette vision heureuse, ou, comme le dit la théologie, de cette vision *béatifique*, dont vous tenez déjà la substance et la preuve dans votre foi. *Fides est sperandarum substantia rerum, argumentum non apparentium*[1]. Quelles que soient les longueurs du chemin, marchez, chers Voyageurs, car je vous le dis en vérité, les visions de la patrie valent toute la peine qu'elles coûtent ! Songez à cette église du ciel où les solennités ne seront plus, comme celles-ci, enveloppées de mystères ; où le tabernacle et les voiles eucharistiques ne cacheront plus la di-

[1] Hébr., XI, 1.

vinité de notre Dieu; où vous n'aurez plus besoin d'un pauvre prédicateur pour vous expliquer, comme il le peut, les objets de votre espérance; mais où, les voiles tombant, Celui qui est la vérité et la vie se montrera lui-même, et ravira les regards de votre âme! O moments bienheureux! ô moments éternels! voir! voir! voir!... comprendre! voir, non pas à la dérobée, à peine, d'un regard furtif et découragé; mais voir pleinement; et regarder Dieu même, objet éternel de la vision, vérité certaine, complète, dévoilée; se rassasier de cette connaissance avec le don bienheureux de ne s'en lasser jamais! et puis, comme il y aura toujours l'infini entre Dieu et l'homme, et que le mouvement du fini vers l'infini est incommensurable et éternel, avancer toujours, grandir toujours, connaître toujours le progrès dans la connaissance de Dieu. Tout cela, Messieurs, et que dire encore? Continue le discours qui voudra! pour ma part c'est ici ma limite. et je me borne à répéter d'abord que le ciel est le rassasiement de l'intelligence dans la contemplation éternelle de l'éternelle vérité.

II

L'état d'ignorance et d'obscurité à l'égard des vérités divines n'est pas, Messieurs, la plus grande imperfection de ce monde. Il y en a une autre, plus triste et plus douloureuse; c'est l'incertitude de la volonté à l'égard du bien, c'est la continuelle possibilité de faire le mal moral, c'est le péché. Le mal moral dans le monde, oui, voilà la grande plaie, la grande tristesse, le grand désenchantement de la terre. C'est le cruel étonnement et le scandale des âmes pures, quand, au sortir des aubes de l'enfance, il leur faut jeter sur le monde réel un regard averti : elles s'aperçoivent que la terre est un lieu douteux, plein d'embûches et d'embuscades, où le mal marche le front levé, où les entreprises du bien échouent très-souvent, où le scandale règne et s'impose.

Que vous dirais-je, Messieurs, de ces grandes misères du monde que vous connaissez mieux que moi, et parmi tant de raisons de l'accuser, lesquelles vais-je choisir?

Je ne signalerai que deux scandales,

auxquels, je le sais, les âmes droites ne parviennent point à s'accoutumer : je veux dire les triomphes de l'injustice et la faiblesse des bons.

Est-il donc vrai qu'il faille s'accoutumer sur la terre à voir l'injustice triomphante? Est-il vrai qu'il y faille subir, avec une sorte de résignation, les attentats de la violence et les horribles abus de la force? Est-il vrai, ô mon Dieu! qu'il faille la voir passer, cette injustice altière, dans l'éclat de sa hideuse insolence, forte, armée, calme, implacable, méprisant les douleurs des hommes, répondant à leurs gémissements par un sourire d'airain, tandis que ses pieds plongent dans les larmes; muette, couvrant d'un silence de mort les prières de l'innocence et les protestations du droit; constante avec soi-même, persévérante,

continuant son œuvre, écrasant de son
pied de fer ce qui est juste, saint, innocent, sacré devant Dieu? Que dis-je?
prétendant même qu'alors elle rétablit
l'ordre, fait respecter la loi, et travaille
pour la paix; justifiant ses attentats par
ses succès; enchaînant à son char sanglant jusqu'à la Providence de Dieu,
qu'elle se prétend favorable puisqu'elle
triomphe; le faisant croire à une partie
de la terre, et installant son règne dans
l'hypocrisie et le mensonge, après l'avoir
commencé dans le sang?

Direz-vous, Messieurs, que ces grands
triomphes de l'injustice sont rares dans
l'histoire? Je ne sais d'abord si vous avez
le droit de le penser, enfants d'un siècle
qui, deux fois déjà, dans le silence, a
contemplé l'égorgement de la Pologne.
Mais l'injustice victorieuse perd-elle son

horreur pour changer de théâtre? Pour
moi je la trouve aussi cruelle, et plus
peut-être, dans ses attentats secrets, dans
ses crimes furtifs, dans la mansarde de
l'ouvrier libertin, dans l'alcôve dorée où
les faux sourires du monde cachent des
servitudes et des terreurs mortelles, au
foyer de la famille où se consomment ces
immolations cachées auxquelles n'est pas
même laissée la liberté des larmes. Qui
que tu sois, âme opprimée, quelle que
soit la main qui t'a chargée de chaînes,
et quand ces chaînes seraient parfumées
et ornées de fleurs, je dénonce ton muet
supplice à l'indignation de ces chrétiens;
je proteste avec eux contre la violence
qui t'est faite; j'appelle avec eux sur toi
la protection de Dieu! Dans le cruel abandon où l'on étouffe tes plaintes, sache
du moins que des frères ont deviné tes

malheurs, qu'ils les ont portés dans leur âme, qu'ils en ont parlé devant Dieu, qu'ils t'envoient dans le lieu où tu souffres le soutien de leur amour fraternel, et l'ardente prière qui, en ce moment peut-être, emporte ta délivrance!

Le triomphe de l'injustice m'a paru l'un des principaux scandales de la terre. J'en signale un autre, qui est la faiblesse des bons. Je veux dire cette espèce de découragement qui pèse sur les âmes saintes en ce monde. Elles qui portent en leurs mains ce qui peut tout sauver, elles passent leur temps à déclarer avec larmes que tout est perdu. C'est cette funeste tendance à l'inaction, à l'abstention, à l'indifférence, qui s'empare des meilleurs. C'est cette souveraine maladresse avec laquelle, presque toujours, les bons font ici-bas les affaires du bien.

C'est la tiédeur, la mollesse, l'engourdissement et le sommeil profond qui
s'emparent de ceux qui devraient tout
conduire, et paralysent leurs forces; et
tandis que l'armée du mal est active,
alerte, unie, serrée, marchant comme
un seul homme, c'est cet état de division,
d'incertitude, d'hésitation, de lamentations vaines et de consolations plus vaines encore, où s'endort trop souvent
l'armée du bien. Il y a là un second scandale très-étrange, et qui contredit violemment tout ce qu'on devrait espérer
des fils de Dieu. Car enfin comment le
bien affaiblirait-il les âmes? comment
l'honneur de défendre Dieu et de combattre pour lui désarmerait-il les cons-
ciences, et enchaînerait-il les lèvres?
obscure et douloureuse énigme!

J'ai parlé de deux scandales du monde :

cependant je n'aurais rien dit encore sur le règne du mal, si je ne parlais de son plus secret pouvoir. Mais ce n'est plus la parole qu'il faut ici, c'est la rougeur et la sincère humiliation. C'est à chacun de rentrer en soi-même, de connaître ses intimes faiblesses, les inconstances de sa volonté, les incertitudes de sa persévérance, les subites défaillances de ses meilleurs désirs. Il n'y a qu'à sonder l'abîme de la misère humaine et à réclamer humblement le secours de Dieu.

C'est le sujet des lamentations des saints. Ils déplorent leur fragilité, ils s'en désolent devant Dieu. Quelle terrible condition que d'avoir toujours à craindre d'offenser l'éternelle Justice! Quelle cruelle inquiétude, dans une vertu toujours incertaine et menacée! Entendez le grand saint Paul au retour de ses pro-

digieux voyages. Il a parcouru deux fois
le monde connu, des rives de l'Asie-Mi-
neure aux colonnes d'Hercule. Il rentre
dans sa cellule pour le repos d'un jour.
Mais quelle frayeur s'empare de lui?
quels tourments l'agitent, et quels nouveaux combats? Eh quoi! grand voyageur de Dieu, grand soldat de Jésus-
Christ, n'avez-vous point mérité la sérénité d'une heure de paix? Que craignez-
vous maintenant, vous qui n'avez tremblé ni devant la colère des Juifs, ni devant l'orgueil de l'Aréopage, ni devant
la toute-puissance des Césars? Écoutez,
mes Frères, la réponse de l'Apôtre :
« Malheureux homme que je suis! je
puis vouloir, mais je ne puis accomplir.
Le mal que je déteste, je le fais, et le
bien que je voudrais faire m'échappe.
J'aime la loi de mon Dieu, selon l'homme

intérieur; mais je trouve dans mes membres une autre loi qui contredit celle de Dieu, et me ramène sous le joug du péché. Malheureux homme que je suis! qui me délivrera de ce corps de mort?... [1] » Cri terrible et profond! c'est le cri de tous les saints, c'est le cri de vos âmes, Chrétiens, quand vous ressentez en vous les feux de ces tristes combats.

C'est le ciel qui nous délivrera de la mort du péché.

Alors le mal aura passé comme l'erreur. Alors ce ne sera plus le temps des triomphes de l'injustice, mais de sa dernière défaite. Alors les chaînes tomberont, et tous les opprimés, relevant la tête, chanteront à la gloire du Dieu juste le psaume de la délivrance : « Au jour où le Seigneur brisa la captivité de Sion,

[1] Rom., VII, 18 et sqq.

7.

nous fûmes remplis de joie ! nos lèvres tremblèrent de bonheur, notre langue tressaillit d'allégresse ! Les nations se dirent : Dieu a montré sa gloire sur eux ! Oui, Dieu a montré sa gloire sur nous, il nous a comblés de biens ! Ceux qui sèment dans les larmes, recueilleront dans la joie. Ils allaient, ils marchaient, jetant avec leurs pleurs leur semence dans le sillon : ils viendront pleins d'allégresse, les bras chargés de gerbes d'or [1]. »

Alors ce sera l'heure fatale pour le violent et pour l'injuste. Où sera-t-il ? En un moment tout l'appareil de sa victoire a disparu comme un songe :

> J'ai vu l'impie adoré sur la terre,
> ... Je n'ai fait que passer, il n'était déjà plus !

Alors ce ne sera plus la faiblesse des

[1] Ps. CXXV.

bons, mais leur union, leur force, et le repos glorieux de toute l'armée divine dans une paix qui ne connaîtra plus ni alertes ni menaces : « *Fulgebunt justi sicut sol* [1]. »

Alors surtout, Chrétiens, ce ne sera plus ce continuel combat qui vous afflige, et cette désolante fragilité qui fait gémir les saints. La volonté humaine conservera au ciel tout l'honneur de sa liberté ; mais cette liberté, désormais fixée dans le bien, ne saura que s'attacher de plus en plus fortement à l'objet de son choix, et l'aimer d'un amour grandissant.

O fixité bienheureuse, dont la douceur s'augmentera de tous les souvenirs des luttes passées ! Vous est-il arrivé, Messieurs, au retour d'un périlleux

[1] Matt., XIII, 43.

voyage, ou peut-être, si vous avez eu l'honneur de porter l'épée de votre pays, au retour d'une guerre lointaine, de revoir enfin, assemblés autour de vous, ceux que vous aimez, et là, dans le repos béni du foyer de famille, aux pieds du père et de la mère, devant la jeune sœur ravie, auprès du berceau des enfants, avez-vous fermé les yeux, et rêvé aux mauvais jours que vous veniez de traverser? Quel charme puissant et terrible dans les souvenirs de ces grands travaux passés! Quelle douceur maintenant à vous rappeler ces innombrables périls! Ces marches forcées, ces nuits froides, ces journées sanglantes, ces repos menacés, ces continuelles inquiétudes des guerres, tout cela ne revenait alors à votre esprit que pour augmenter en vous la douceur de la paix, le bonheur du repos, la certitude de votre félicité. Faible et pauvre image des souvenirs des élus dans le ciel ! Quels récits de leurs combats et de leurs victoires ! quels entretiens des confesseurs avec les martyrs, des pénitents avec les solitaires, des missionnaires avec les apôtres, des vierges avec les anges de Dieu ! Quelle paix adorable dans la pensée qu'il ne sera plus question des luttes de la terre, et qu'on aura perdu pour toujours la triste faculté d'offenser l'éternelle Bonté !

Mais parlons davantage de ces nobles entretiens des élus. Ce sera la dernière partie de notre méditation.

<h1 style="text-align:center">III</h1>

Hélas ! Messieurs, je voulais vous parler du ciel, et qu'ai-je fait? j'ai parlé du rassasiement de l'intelligence dans la claire vue de la vérité; j'ai parlé de la fixité de la volonté dans la vertu; et cependant je sens trop bien que je n'ai rien dit encore, et c'est vraiment pour moi comme si je n'avais encore parlé ni de Dieu ni de l'homme.

C'est qu'en effet je n'ai rien dit de ce qui est la grande chose dans l'homme, sa force, sa beauté, sa noblesse, sa vie, le principe de ses souffrances et de ses joies, de ses angoisses et de ses ravissements, et la source d'un bonheur auprès duquel tout bonheur pâlit. Je n'ai rien dit du cœur, je n'ai rien dit de l'amour; et le ciel, c'est avant tout le cœur satisfait; le ciel, c'est essentiellement l'amour contenté dans l'éternelle possession.

Je vous préviens, Messieurs, que je ne puis plus dire un seul mot, si je n'ai la faculté de parler ici librement le langage de l'amour. Bossuet, au commencement d'un de ses sermons sur la sainte Vierge, prévient ainsi son auditoire qu'il va parler ce grand langage, non par puéril entraînement, mais parce que c'est le langage qu'il faut ; et il réclame pour sa parole tout le respect de ses auditeurs. Je vous le demande aussi, Messieurs, et je me tiens pour tranquille à cet égard.

Qui dira donc les ineffables souffrances des cœurs sur la terre, et comment c'est une plainte éternelle que le langage de l'amour ? Écoutez tous les échos élevés de l'âme humaine : si l'homme parle d'aimer, c'est pour pleurer, c'est pour se plaindre, c'est pour gémir. Plus il est pur, plus il se plaint; plus il est grand, plus il gémit; plus il est élevé au-dessus des rivages terrestres, plus il se lamente. Si, de loin en loin, un cantique de joie se fait entendre, et interrompt pour un moment cette grande monotonie, c'est pour célébrer le ravissement d'une heure, et retomber aussitôt dans l'immensité de ses désirs. Je ne blâmerai point ici le cœur de l'homme. Je ne le plaindrai même pas. C'est à lui de savoir le prix de ses grandeurs. Il faut, au reste, lui rendre cette justice, qu'il pleure, mais qu'il aime sa blessure, et que la guérison qu'on lui propose dans l'indifférence lui fait horreur. Va donc, immortel plaintif! Les hommes ne peuvent rien pour toi, puisque tu ne crains rien tant que leur consolation. Appelle, désire, attends, pleure et languis, et remplis toute la terre du chant de ta chère douleur : tu ne seras jamais grand qu'à la condition de souffrir, et ton chant ne touchera les hommes que s'il garde fidèlement l'accent des soupirs et le secret des larmes !

S'il n'y avait que les profanes pour faire entendre ces gémissements, je me défierais d'eux, Chrétiens, et je chercherais peut-être, dans quelque désordre de leur cœur, le secret de cette plainte continuelle. Mais voilà que l'amour divin lui-même connaît ces lamentations. Les saintes lettres inspirées de Dieu, les écrits des saints, leurs méditations et leurs chants sont remplis de ces grandes plaintes. Tantôt c'est l'âme du prophète, qui languit de désirs « comme le cerf altéré désire l'eau des fontaines [1]. » Tantôt c'est

____
[1] Ps. XLI, 2.

le cœur de l'homme devenu semblable à une terre sans eau [1], » et réclamant la rosée du matin. Le Psalmiste s'écrie : « Hélas! hélas! mon exil est trop long [2]! » Il compare la vie de l'homme à la veille de la sentinelle, qui n'attend que l'heure d'être relevée [3]. Il s'écrie tout à coup : « J'attends, j'attends! *expectans, expectavi* [4]! Mon âme est brûlée de soif, *sitivit anima mea* [5]. Nuit et jour je me nourris de mes larmes pendant qu'on me dit: Où est ton Dieu [6]? O mon âme, pourquoi es-tu triste et pourquoi me troubles-tu [7]? » — Tous les saints redisent cette grande plainte; tous ils épuisent dans leurs écrits les gémissements de l'amour, qui désire, qui attend, qui s'irrite, qui gémit, qui veut davantage, qui ne peut

---

[1] Ps. CXLII, 6. — [2] Ps. CXIX, 5. — [3] Ps. CXXIX, 6. — [4] Ps. XXXIX, 2. — [5] Ps. XLI, 3. — [6] Ps. XLI, 4. — [7] Ps. XLI, 6.

souffrir aucun obstacle, qui veut posséder ce qu'il aime et que rien ne distrait
ni ne console dans les solitudes amères
de la séparation.

Messieurs, d'où vient le mystère de
cette plainte éternelle? Je pense que vous
le comprenez déjà. Saint Thomas d'A-
quin nous enseigne qu'il y aura dans le
ciel, pour les élus, un bonheur essentiel
et un bonheur accidentel : le bonheur
essentiel consistant dans la possession de
Dieu, et le bonheur accidentel dans la
possession des créatures aimées en lui [1].
Ici-bas, ce que j'aperçois, c'est le contraire d'un si bel ordre; et, reprenant la
pensée du grand docteur, je distingue
sur la terre deux souffrances constantes
de l'amour : une souffrance essentielle,
qui est la privation de Dieu, et une souf-

[1] S. Thom. Summ. 2. 2. q. 26, art. 13.

france accidentelle, qui est la privation des créatures aimées.

Oui, d'abord, Chrétiens, la privation de Dieu! Si vous connaissez votre cœur, vous savez comme moi qu'il a besoin de Dieu! Il a besoin, non-seulement de croire en lui, d'espérer en lui : c'est autre chose, c'est le tout qu'il lui faut! il a besoin de l'aimer, c'est-à-dire de le posséder et d'être possédé par lui, de le contempler, de l'atteindre, de le toucher comme parle saint Augustin, « de toute la force et de tout l'élan de l'amour : *toto ictu cordis*[1]; » de le tenir enfin avec la bienheureuse assurance de ne pouvoir jamais le perdre! Ah! que je suis bien certain d'être entendu en ce moment des âmes vraiment pieuses ; elles connaissent mieux que je ne sais le dire les longueurs

[1] Aug., *Confess.*, l. IX, c. 10.

d'un exil où il faut toujours poursuivre
d'un amour souffrant un Dieu caché!
Mais quoi! je prétends même être entendu des profanes. Eux aussi ont fini
par le savoir et par le dire. Il y a dans
tout sentiment d'amour profond un élé-
ment d'infinité; l'homme cherche plus
que le fini, plus que le créé, plus que
l'imparfait dans ce qu'il aime; au fond,
dans ce qu'il aime il cherche Dieu! Heureux quand, éclairé des vraies lumières,
il se rend compte à lui-même de cette
recherche divine, et y trouve l'honneur,
la sainteté, l'immortalité de ses affections!
Mais le désordre même des passions coupables ne fait que confirmer une si grande
loi. Leurs efforts surhumains, leurs ardeurs insensées, leurs exigences impos-
sibles, leurs fureurs sanglantes, leurs
dégoûts, leurs désespoirs, témoignent

encore qu'elles poursuivaient sur la terre plus que la terre ; et saint Augustin, brûlé longtemps à ces flammes terribles, le savait pour toujours, quand, fixé enfin dans l'amour éternel, il écrivait cette grande pensée : « Seigneur, tu nous as faits pour toi, et notre cœur est dans les tourments jusqu'à ce qu'il se repose en toi [1] ! »

La privation de Dieu est la première des grandes souffrances des cœurs sur la terre. La seconde est la séparation des êtres aimés.

Qu'y faire, Messieurs, qu'y faire? Tantôt c'est la mort qui frappe ses coups terribles et comme d'un aveuglement féroce : car, enfin, pourquoi enlever cette jeune mère à ce jeune homme qui l'aimait

[1] « Fecisti nos ad te, Deus, et irrequietum est cor nostrum donec requiescat in te. » (*Confes.*, I.)

et à ses petits enfants? Mais la mort s'attarde bien à discuter avec vous! elle passe, et emporte d'un coup tout le bonheur de votre vie. Tantôt c'est seulement un départ... je viens de dire *seulement un départ!* Ah! j'en appelle à ceux qui ont vu partir ce qu'ils aimaient! j'en appelle à ceux qui, sur le seuil de la maison, ont donné le dernier baiser d'adieu à un fils, à un frère, à un ami, à un époux, l'ont suivi du regard, ont échangé les derniers signes, sont rentrés seuls dans la chambre et en ont fermé la porte! — Eh quoi! me dira-t-on, voilà une douleur bien ordinaire dans l'histoire des hommes! — Ordinaire? Eh! que m'importe! tout ce que je sais c'est qu'elle est terrible; et que l'instant où l'on ne voit plus, succédant à celui où l'on voyait, jette l'âme

¹ Aug., *Confes.*, I.

dans cette « mort des vivants » dont parle encore l'admirable Augustin : *mors viventium* [1].

Parlerai-je de vous, séparations plus tristes encore, parce qu'elles naissent dans les cœurs eux-mêmes, oublis, ingratitudes, inconstances, rivalités ; et vous, soupçons, et vous, tourments jaloux qui naissez de l'amour même pour persécuter l'amour, et enfin tout ce cortége de maux qu'inventent les tristes cœurs des hommes pour se torturer ? Hélas ! je n'ai plus le courage de vous considérer longtemps ; et tout ce que je sais dire, c'est qu'après la privation de Dieu je rencontre sur la terre la séparation entre ceux qui s'aiment ; et que ces deux douleurs contredisent en nous un instinct si puissant qu'elles demandent en vérité une solennelle réparation.

La réparation, ce sera le ciel.

Ce sera d'abord, et avant tout, et d'une manière incomparable, le bonheur par la possession de Dieu. Dieu possédé non plus seulement par la foi, non plus seulement par l'effort de la vertu, mais par l'amour satisfait et comblé à l'infini dans tous ses désirs. Comment vous faire entendre ce mystère profond? c'est vraiment ici l'abîme que « l'œil de l'homme n'a pas sondé, que son cœur n'a pas compris. » Comment pourrais-je vous donner du moins quelque image de l'infinie félicité en Dieu? Le pieux et docte saint Anselme s'efforce de le faire en interrogeant tous les désirs du cœur de l'homme : « Que veux-tu? lui dit-il, que cherches-tu sur la terre? Est-ce la beauté? est-ce la grandeur? est-ce la bonté, la tendresse, la force, la volupté, les ravissements du cœur, la générosité, la justice, la sagesse? Tout cela est Dieu, Dieu est tout cela [1]! » Oui, Messieurs, tout ce que vous avez jamais rêvé de grand, de beau, de charmant, d'aimable; tout ce qui a soulevé vos désirs et captivé votre âme, tout ce que vous avez aimé de noble et de pur sur la terre, tout cela dégagé de l'imperfection et élevé jusqu'à l'infini, tout cela est Dieu! Si un jour un rayon de gloire s'est posé sur votre front; si, consumé aussitôt d'un désir plus ardent, vous avez demandé plus de gloire... la gloire, c'est Dieu! — Si un jour, enivré d'une mélodie puissante, vous avez désiré que l'accord grandît toujours, et que le flot harmonieux ne touchât plus de rivages... l'harmonie, c'est Dieu! — Si un jour vous avez aimé, si vous avez oublié toute

[1] Vid. Anselm. Proslogium., c. XXV.

la terre dans le bonheur d'entendre et de répéter un seul mot... l'amour, c'est Dieu!

Il est l'éternelle beauté dont la beauté est le reflet;

Il est l'éternelle bonté dont la bonté est le vestige;

C'est le divin soleil, dont le soleil est l'ombre.

Que vous dirais-je encore? c'est Dieu!

Et en lui seront tous ceux qui seront alors, tous les enfants de Dieu! ô mystères d'éternelle consolation! Messieurs! c'est la doctrine des saints fondée sur des paroles précises de la sainte Écriture et confirmée par toute la tradition, que les relations de la terre se retrouveront au ciel, et que, selon une belle expression de saint Thomas d'Aquin, « les honnêtes raisons de l'amour ne disparaîtront pas de l'âme des bienheureux : *non cessabunt ab animo beati honestæ dilectionis cau- sæ* [1]. » Là sera donc éternellement réparée cette séparation cruelle qui jette les nobles âmes dans de si étranges angoisses sur la terre. Là toute violence, toute injustice, toute jalousie, toute erreur cruelle ayant disparu, les âmes qui se cherchaient en Dieu se trouveront en Dieu. Elles se rappelleront leurs combats; elles se raconteront leurs souffrances; elles compteront ensemble leurs larmes; elles se féliciteront mutuellement de leur constance et de leur courage; elles se reposeront dans une union éternelle des fatigues de l'attente et des longueurs de leur martyre. Je le dis à vous, âme chrétienne, qui, dans le feu d'une épreuve presque au-dessus de vos forces, entendez ma

[1] S. Thom. 2a 2æ, q. XXVI, art. XIII.

parole : levez les yeux et prenez encore courage ! Car les choses que je vous annonce sont les vraies par excellence, et la terre et le ciel passeront, mais la promesse de l'Amour éternel ne passera point !

Et maintenant, Chrétiens, achevez le discours !

Sachez surtout que, malgré ma bonne volonté, je n'ai rien dit ! Ouvrez donc votre cœur, « *dilatamini et vos* [1]. » Écoutez, méditez, désirez, appelez, regardez en haut, fixez le ciel de vos regards ! Qu'il faille une voix pour vous rappeler à la terre, et vous dire comme l'ange aux disciples : « Hommes de Galilée, pourquoi regardez-vous toujours le ciel ? *Viri Galilæi, quid statis aspicientes in cœlum* [2] ? »

[1] II Cor. VI, 13.
[2] Act. I, 11.

Un dernier mot cependant. Parmi les fils de Dieu que vous rencontrerez dans le ciel, il en est que vous n'aurez point connus sur la terre, et qui cependant, accourant en foule autour de vous, béniront Dieu de votre bienvenue. Chrétiens, qui faites la charité, dont la bienfaisance est vraiment inépuisable, et qui répondez avec une générosité que j'admire à tous les appels qui vous sont faits, avez-vous jamais pensé à ces foules inattendues d'orphelins, de malades, de délaissés, de pauvres enfants et de pauvres vieillards que vous aurez secourus de vos aumônes, et qui viendront vous faire cortége à votre entrée au ciel? Ils seront beaux alors pour contempler votre beauté, et, rajeunis dans la jeunesse de Dieu pour regarder votre immortelle jeunesse. Ils seront vos défenseurs au seuil de l'éternité, comme vous aurez été leurs sauveurs au seuil du désespoir et de la mort ; et, s'il le fallait, ils vous couvriraient de leur misère transfigurée devant le tribunal de Dieu. Pardonnez-moi de vouloir augmenter le nombre de ces puissants amis. Je me suis chargé de plaider ici la cause des pauvres. Pour eux, je vous tends la main. Messieurs, donnez-moi pour les pauvres, afin que le ciel ne soit pas seulement pour vous le rassasiement de l'intelligence dans la lumière du vrai, et la fixité de la volonté dans la splendeur du bien, mais qu'il vous donne, dans le bonheur ineffable de la possession de Dieu et de la réunion éternelle à ceux que vous aimez, la joie douce et grande encore de rencontrer la reconnaissance des pauvres que vous aurez secourus sur la terre, et peut-être sauvés pour le ciel !

vous qu'avez longs jours en cors au seul ch

descryre de la mer et il le fallait

III

LES DONS DE L'ESPRIT-SAINT.

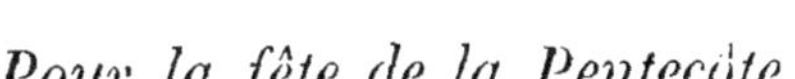

Pour la fête de la Pentecôte.

MONSEIGNEUR, MESSIEURS,

Quand je pense en quel jour je suis appelé à l'honneur de monter dans la chaire chrétienne, c'est plus qu'une émotion ordinaire, c'est une religieuse terreur qui s'empare de mon esprit. Nous sommes venus, Chrétiens, honorer aujourd'hui le grand jour anniversaire de la diffusion de l'Esprit-Saint et de la naissance de la parole chrétienne. Oui, c'est vraiment aujourd'hui la fête natale de la parole, la fête de la chaire chrétienne, la fête des prédicateurs. En ce saint jour de la Pentecôte, la parole change de destinées sur la terre. La sagesse antique a parlé : qu'elle écoute maintenant une sagesse plus haute! Les philosophes ont disputé dans les écoles : qu'ils se taisent devant les sages nouveaux. Toi-même, ô Israël, entre dans ce grand silence qui convient bien aux ruines dont tu es l'immortel gardien! Ce n'est plus l'heure des oracles transmis par les patriarches; ce n'est plus l'heure des prophètes. Dépose, ô David, cette lyre incomparable qui a chanté toutes les douleurs et toutes les joies sacrées de l'homme! Ne demande plus, ô Isaïe, de connaître l'avenir, et de voir par avance l'histoire du Dieu victime! Ne pleure plus, ô Jérémie, sur les ingratitudes de Jérusalem! Encore une fois ce n'est plus, pour l'humanité, l'heure de vous entendre. Une voix plus forte que la vôtre et que toutes celles qu'ont écoutées les siècles passés vient de s'élever sur la terre. A ses accents, toute la terre a tressailli comme celui qui entend la voix du bien-aimé attendu. Les hommes ne la connaissaient pas; ils la reconnaissent cependant, par un instinct infaillible, pour être la voix de la délivrance; et, plus puissante que le chant d'Orphée, ce ne sont pas des bêtes sauvages, ce sont les plus farouches passions de la terre, c'est l'orgueil de Rome, c'est la brutale liberté des nations barbares, qu'elle voit se coucher à ses pieds et reconnaître sa victoire.

Eh bien! qu'il soit permis de la saluer, cette parole chrétienne, et d'adorer l'esprit nouveau qu'elle apporte au monde. C'est la parole de la vérité, c'est la parole de la justice, c'est la parole de la liberté, c'est la parole du salut! Sa naissance est un prodige; son premier mot est une victoire; elle ne s'arrêtera plus dans ses conquêtes. Elle soulèvera les peuples comme le vent soulève les grandes mers; elle convertira les nations; elle sera l'éternel adversaire de toutes les tyrannies. Tour à tour, elle saura dompter les siècles barbares et faire pâlir devant l'éclat de sa gloire la gloire profane des siècles d'intelligence et de génie. C'est la parole des apôtres, des martyrs, des docteurs : Messieurs, comment oserai-je le dire? c'est encore la parole que je vous apporte ; et voilà pourquoi, sentant passer sur mes lèvres mortelles ce souffle divin, je m'effraye et je me trouble moi-même, et me sens partagé entre l'orgueil de porter un si grand trésor, et l'effroi de m'en sentir trop indigne !

Mais je vous regarde, et je m'oublie !

Seigneur, il ne s'agit pas de trembler ou d'hésiter ; il faut nourrir cette foule ; il faut éclairer et échauffer ces chères âmes ; il faut répondre à leur désir d'entendre parler de vous ; il faut récompenser un si religieux empressement.

Messieurs, c'est toujours une joie pour la sainte Église de voir une grande foule se presser dans ses temples ; et je partage autant que je l'admire le sentiment de saint Jean Chrysostome qui, au début d'un de ses discours, déclare que les grandes foules sont le vêtement d'honneur d'une église, et qu'une église riche est une église pleine [1]. Mais si jamais cette grande joie touche le cœur de la sainte Épouse de Dieu, c'est en ce jour qui lui rappelle la première de ses victoires; en ce jour où, pour la première fois, une foule fit silence devant elle, et entendit Pierre, le premier des prédicateurs. Si nous célébrons aujourd'hui la fête natale de la parole, nous devons célébrer aussi la fête natale des auditoires chrétiens. Je le sais, Messieurs, et c'est pourquoi vous me pardonnerez, si, à l'exemple de l'illustre Chrysostome, je

[1] Ἱμάτιον γὰρ τῆς Ἐκκλησίας τῶν παραγινομένων τὸ πλῆθός ἐστι.

Jo. Chrysost. de sanct. Pentec. homil. 1.

commence par vous remercier d'avoir
orné ce matin cette église de votre grande
et pieuse multitude. Je conjure l'Esprit
divin de récompenser un zèle si généreux ;
et puisque vous êtes ici les représen-
tants de cette première foule qui écouta
les apôtres et fut remplie des dons divins, je le conjure de continuer sur vous
ses largesses, et de transfigurer ma parole jusqu'à lui donner la puissance de
mettre en vous le divin Esprit.

Je l'espère, mais de Dieu seul !

I

Je voudrais d'abord, Messieurs, vous
dire l'histoire de la diffusion de l'Esprit,
et vous parler ensuite des dons qu'il

apporte aux âmes. Mais cette histoire est si grande, et elle passe si étrangement par ses proportions toutes les histoires des hommes, qu'il faut laisser l'Esprit divin la raconter lui-même. Écoutons, et adorons dans le silence l'auguste simplicité du langage de Dieu.

« Les fêtes de la Pentecôte étant accomplies, ils étaient tous pareillement dans le même lieu.

« Et il se fit tout à coup un bruit venant du ciel comme d'un vent puissant, et il remplit toute la maison où ils étaient assemblés.

« Et ils aperçurent comme des langues de feu au-dessus de chacun d'eux.

« Alors tous furent remplis de l'Esprit-Saint, et ils commencèrent à parler diverses langues, selon que l'Esprit le leur inspirait.

« Or il y avait à Jérusalem des Juifs de toutes les nations de la terre.

« Et entendant la parole, toute la foule s'assembla et fut remplie de stupeur, parce que chacun entendait les apôtres parler en sa langue.

« Mais Pierre se levant avec les onze, parla... et ceux qui reçurent la parole furent baptisés, et le nombre des âmes gagnées en ce jour fut d'environ trois mille [1]. »

Reprenons, avec les commentaires des Pères de l'Église, les termes de ce grand texte.

C'étaient les fêtes de la *Pentecôte*, c'est-à-dire les fêtes judaïques de la moisson, et la consécration au Seigneur des fruits nouveaux : grande image du changement

____

[1] Act. apost., c. II.

des temps, et de cette nouvelle saison qui commençait pour les âmes :

..... Et incipient magni procedere menses.

La moisson antique était terminée. Tout ce qui, jusqu'à ce jour, avait servi de maître à l'humanité, pouvait entrer dans son repos, comme le moissonneur devant la dernière gerbe. Une nouvelle semence allait tomber dans les sillons d'une terre nouvelle, et lever vers Dieu une moisson meilleure. —Regardez bien, Messieurs, ce changement des temps ; ne tentez point de méconnaître la crise divine qui partage l'histoire humaine. Avant et après Jésus-Christ, ce n'est pas le même ciel qui brille sur l'humanité. Il y a dans le monde, depuis le soir du calvaire, un autre soleil pour éclairer les âmes, une autre atmosphère pour les vi-

vifier. Des souffles nouveaux, inconnus jusque-là, s'élèvent, et viennent apporter au cœur des hommes une jeunesse sacrée qu'ils croyaient à jamais perdue ; tout était tombé, tout se relève ; tout était vieilli, tout se redresse ; tout était froid, et comme glacé dans l'égoïsme et dans la stérilité de la mort ; tout renaît comme à l'espérance d'un printemps ! Qui osera nier le printemps, quand il envoie à la terre découragée son premier tout-puissant sourire ! O tristes amis de l'hiver païen ! c'est en vain que vous vous obstinez à dire que rien de nouveau n'a paru dans le monde : le monde était couché dans le froid linceul d'une saison de mort, il revit maintenant aux rayons adorés du soleil nouveau !

« Ils étaient tous et pareillement dans le même lieu : *Omnes pariter in eodem loco.* » Voilà, dans le cénacle, le symbole de la terre nouvelle, telle que veut la faire Jésus-Christ. Il veut que la terre soit pour tous les hommes comme la maison du père de famille, comme la demeure fraternelle sanctifiée par la prière et gouvernée dans la justice ; que les différences, au lieu de se multiplier et de grandir, diminuent parmi les hommes ; qu'ils deviennent de plus en plus semblables, solidaires, mutuellement intelligents de leurs biens et de leurs maux, rapprochés et voisins dans la charité. Seigneur, où en sommes-nous à cet égard, et quel spectacle donnent encore aujourd'hui les nations ? Hélas ! quelles divisions, quels soupçons, quelles menaces, quelles guerres, quelles entreprises toujours renouvelées des forts contre les faibles, et, au lieu de l'unité

du cénacle, quelles séparations hostiles ;
et si l'on parle d'alliances, quelles alliances ombrageuses , quels traités rongés
d'avance par la méfiance et par la ruse,
quelles amitiés armées jusqu'aux dents !
Hélas ! après le prodige du changement
du monde par l'esprit chrétien, il n'en
est pas de plus grand que la survivance
parmi nous de ces vieilles passions païen-
nes qui ensanglantent la demeure des
hommes, et montrent que nous sommes
trop loin encore d'avoir atteint le but!
Seigneur, quand la terre deviendra-t-elle
plus semblable à son divin modèle ? Et
quand pourra-t-on commencer l'histoire
des hommes, unis enfin dans l'esprit de
l'Évangile, en ces termes si grands et si
simples : « Ils étaient tous pareillement
dans le même lieu : *Erant omnes pariter
in eodem loco?* »

Soudain, il se fait un grand bruit venant du ciel, *de cœlo sonus;* c'est comme l'arrivée d'un vent puissant, *spiritus vehementis,* et il remplit toute la maison, *et replevit totam domum.* Les saints Pères et les commentateurs du texte sacré n'hésitent pas. Chrétiens, c'est la parole évangélique! Écoutez, écoutez venir du ciel ce grand bruit, et entendez sur la terre tous les échos lui répondre. Il grandit, il s'étend ce bruit divin; il passe les mers; il ne connaît ni frontières ni rivages. Jérusalem est la première éveillée entre les cités de la terre; mais, demain, ce sera toute l'Asie Mineure; après-demain Athènes, puis Rome et Alexandrie, les deux pôles du monde antique : tout l'Orient dans la grande cité d'Égypte, tout l'Occident aux pieds de la reine des nations. Le bruit divin ne s'arrête pas là ; il traverse les forêts de la Germanie comme les déserts du Nil ; il n'expire que sur les derniers promontoires des rivages bretons et scandinaves, comme dans les steppes brûlés de l'Afrique. Toute la terre est émue ; tout retentit de ce premier éclat ; et, plus justement que les armées romaines, les porteurs de la parole peuvent dire, les yeux levés vers Dieu : Nous ne nous sommes arrêtés que là où la terre manqua :

Sistimus hic tandem nobis ubi defuit orbis.

Ce n'est pas seulement un bruit retentissant, *sonus ;* c'est une force puissante qui se fait sentir dans le cénacle, sous le signe d'un vent véhément, « *tanquam advenientis spiritus vehementis.* » Remarquez, Messieurs, la beauté du symbole. Quand Dieu daigne revêtir sa pensée d'images terrestres, il les choisit grandes et nobles. Ce n'est pas ici le vent d'orage ; ce n'est pas la tempête, ce n'est pas l'ouragan : c'est le souffle puissant et fort, mais sauveur ; qui n'est pas envoyé pour déraciner et pour briser, mais pour porter les semences sur les terres lointaines, et pousser sur l'Océan les vaisseaux des hommes. Voyez donc toute la terre semblable à un navire qui cherche le but de son voyage, et s'avance vers le port. Il a reçu des mains qui l'ont formé tous les agrès d'un navire. « Mais quoi ! s'écrie saint Jean Chrysostome, que servira le navire, que serviront les cordages et les voiles, le gouvernail et le pilote : si le vent manque, tout demeure dans l'immobilité de la mort. Mais quand le vent s'élève, et que, sous l'impulsion d'un souffle puissant, les voiles s'enflent et s'arrondissent, tout l'équipage renaît au courage et à l'espérance, et un grand cri de joie salue la venue du vent sauveur. » — Passagers d'un jour sur ce vaisseau terrestre, qui, à travers ses privations et ses périls, cherche l'éternité, saluons, nous aussi, le grand vent de l'Esprit divin qui s'élève en ce jour et vient enfler nos voiles. O Dieu! que nos âmes tristes et abattues dans le désespoir ressentent le puissant effet de votre souffle libérateur! Si les eaux qui nous portent sont amères, que ce souffle puissant nous aide à les traverser plus vite, et à n'y rien laisser qu'un sillon mêlé de nos larmes, mais qui sera vite oublié dans les joies du port!

Des langues de feu paraissent sur les

apôtres. Reconnaissez, chrétiens, ce feu dévorant dont le Sauveur a dit : « Je suis venu apporter le feu à la terre, et que puis-je vouloir, si ce n'est qu'il enflamme tout ? *Ignem veni mittere in terram, et quid volo nisi ut accendatur* [1]. » C'est le feu de la charité, c'est le feu de l'amour divin. Jusqu'alors l'homme n'a jamais été conduit, même en religion, que par la crainte, la contrainte et la force. Mais voici le commencement d'un ordre nouveau dans les rapports des âmes avec Dieu. Le commandement de Jésus n'est pas de craindre, mais d'aimer ; c'est là sa nouveauté adorable : *Mandatum novum... ut diligatis* [2] ; or il n'y a rien de plus libre et de plus souverainement indépendant que l'amour. A l'obéissance ser-

[1] Luc, XII, 49.
[2] Jo., XIII, 34.

vile, qui se soumet parce qu'elle trem-
ble, succédera donc la sainte liberté des
enfants de Dieu. Peu à peu, et de plus
en plus, tout ce qui, en religion, est fait
par contrainte, sera tenu pour inutile et
pour dangereux parmi les chrétiens ; à
mesure que grandira dans les âmes la
lumière évangélique, on verra disparaî-
tre du monde spirituel tout règne de
violence, tout effort de contrainte, toute
espérance de rien obtenir des cœurs par
ces tristes et impuissants moyens ; de
plus en plus, on tiendra pour certain
que « nulle puissance humaine ne pou-
vant forcer le retranchement impénétra-
ble de la liberté d'un cœur [1], » il n'y a
rien là à entreprendre par force, mais
tout à faire, comme Jésus, par la souveraine autorité de la persuasion et de

[1] Fénelon, Discours pour le sacre de l'électeur de Cologne.

l'amour : « *Nihil egit vi, sed omnia suadendo*[1]. » On saura comprendre enfin la parole de l'apôtre, qui est la règle première de tout apostolat chrétien : « Le Seigneur est esprit, et là où est l'esprit de Dieu, là est la liberté. *Dominus autem spiritus est, ubi autem spiritus Domini ibi libertas*[2]. »

Cette victoire de l'esprit d'amour sur l'esprit de violence et de contrainte sera la grande victoire de la parole chrétienne. C'est elle qui apprendra au monde ce que peut la persuasion, en obtenant des cœurs, respectés dans leur liberté, tout ce que n'obtint jamais la violence avec ses menaces. Un si grand honneur ne sera pas toujours compris, ni également de tous, même dans l'É-

---

[1] Aug. de vera relig., XVI, 31.
[2] Cor. III, 17.

glise. L'esprit de violence y conservera ses partisans, que ne corrigeront ni l'évidence des exemples évangéliques, ni la constance de leurs propres défaites. Il faudra beaucoup de temps pour que l'homme chargé des intérêts de Dieu ne compte, pour les défendre, que sur l'esprit de Dieu. Cependant la marche générale de l'histoire chrétienne s'accomplira d'une manière évidente dans le sens de la liberté. A une tradition superficielle et d'apparence qui semblait ne favoriser que l'esprit de contrainte, on opposera une tradition plus profonde, constante, admirablement vénérable par l'autorité des saints qui l'ont soutenue, en faveur de la liberté des âmes ; encore une fois l'histoire ira de ce côté, et rien ne pourra prévaloir contre l'esprit de l'Évangile.

Ainsi armés, et porteurs, de la part de Dieu, d'une parole forte comme le plus puissant des souffles et brûlante comme la plus ardente des flammes, les apôtres ouvrent les lèvres, et engagent le combat de la parole.

Un prodige les attend encore. Des hommes de toutes les nations qui écoutent les apôtres, déclarent qu'ils entendent parler chacun en sa langue, « *audiebat unusquisque lingua sua illos loquentes.* » Chrétiens, c'est un prodige qui se renouvellera tous les jours autour de la chaire chrétienne. Une seule et même parole ira porter dans les âmes mille secours divers, et répondre à autant de questions secrètes qu'il y aura d'auditeurs. Dans cette grande assemblée qui m'écoute, que de manières différentes d'entendre la même parôle! O Dieu! si je suis fidèle à votre esprit, si je sais donner à cet auditoire non mes faibles inspirations, mais votre divine vérité, chacune de ces âmes va m'entendre en sa langue, « *lingua sua.* » Les âmes joyeuses trouveront la joie dans la parole de Dieu, et les âmes tristes y trouveront l'adoucissement à leur tristesse; les esprits courageux y trouveront le renouvellement de leur courage et les âmes ardentes y trouveront l'ardeur. Les mères y découvriront la patience et l'espérance; et les fils y rencontreront la fierté de bien faire et l'honneur de servir Dieu librement; les vieillards y reconnaîtront le passé, pendant que les jeunes hommes n'y verront que l'avenir; chacun entendra la parole en sa langue, « *unusquisque lingua sua,* » et croira qu'on n'a parlé que pour lui seul!

Mais ce n'est pas seulement dans la diversité des esprits, c'est dans le même esprit, c'est dans le même cœur que se renouvellera un si grand prodige. J'en appelle à vous, Chrétiens ! Que de manières différentes de goûter, dans sa vie, la parole de Dieu ! et quelle étrange et admirable diversité on y rencontre, selon qu'on la reçoit dans l'enfance ou dans la jeunesse, dans l'épreuve ou dans la paix, dans les larmes ou dans la joie ! Pour ne parler que de l'Évangile, quels goûts différents, mais toujours admirables, on trouve à relire les pages sacrées de la vie du Sauveur ! A mesure qu'on apprend la grande inconstance qu'il y a dans les choses mortelles, quelle douce et adorable sérénité se dégage du livre divin ; et quel asile y trouve de plus en plus l'âme fatiguée de cher-

cher ici-bas son bonheur et son repos!
La parole éternelle accompagne l'homme
dans le chemin de sa vie et le suit
dans sa destinée, comme ces astres bien-
faisants, qui, dans la nuit étoilée, semblent marcher avec le voyageur et le
suivre dans sa course, pour répondre
toujours à son regard par un rayon d'espérance. Elle grandit avec lui, elle se
conforme à ses divers états; elle se change,
selon les besoins de son âme, en conseils,
en reproches, en encouragements, en
félicitations, en joies et en larmes; à
quelque moment de sa vie qu'il l'interroge, elle lui répond toujours en sa
langue, *lingua sua*, c'est-à-dire dans le
langage de consolation et d'amour que
réclament, à l'heure même, ses détresses
et ses douleurs.

Mais revenons à l'histoire. Pierre se lève

et parle. Aussitôt trois mille hommes sont pris par ce premier coup de filet du pêcheur de Galilée, devenu sur la parole du Maître, « pêcheur d'hommes. » L'Esprit descend sur cette foule, et voilà constituée cette admirable Église de Jérusalem, dont les actes nous disent seulement : « tous les croyants n'avaient qu'un cœur et qu'une âme : *cor unum et anima una* [1]. » Nous reviendrons bientôt, Messieurs, sur l'histoire de la parole et sur ses victoires. Bornons ici nos réflexions sur les récits des actes : tel est le fait de la Pentecôte; telle est, historiquement, la venue de l'Esprit.

Mais si l'histoire en est grande, considérée dans ses lignes extérieures, elle est plus grande encore quand on la regarde dans ses mystères intimes, je veux

[1] Act. IV, 32.

dire dans les effets intérieurs que produit dans les âmes la venue de l'Esprit divin. Ai-je besoin de vous dire que ces effets sont éternels, et que les prodiges dont il me reste à vous entretenir font partie de l'histoire actuelle de vos âmes? Vous le savez, chers Auditeurs, les mystères chrétiens ne sont pas de simples récits historiques, sans retentissements dans la suite des destinées des hommes; c'est au contraire la beauté de l'Évangile qu'il recommence toujours pour chacun : admirable renouvellement qu'un grand théologien français exprimait par cette profonde et brève parole : « *le Christ vient toujours, Christus venit semper* [1]. » Assemblés ce matin pour honorer le souvenir des divers prodiges que nous venons de raconter, nous devons faire

[1] Le P. Thomassin.

plus que de leur donner le culte de la mémoire : il faut que le mystère se renouvelle en nous ; il faut que nous sortions de cette église comme du cénacle, et que nous emportions dans nos âmes les dons de l'Esprit. Venez donc, ô Esprit de Dieu ! ô lumière, ô force, ô consolation, ô ardeur, venez, remplissez les cœurs de vos fidèles, allumez-y les flammes sacrées de votre amour : *Veni Sancte Spiritus, reple tuorum corda fidelium, tui amoris in eis ignem accende!*

II

Vous les connaissez, Messieurs, ces dons de l'Esprit qui ce matin vous sont offerts. Le premier est la crainte de Dieu,

et il est le commencement de la sagesse,
« *initium sapientiæ* [1]. » Prenons garde,
Chrétiens : l'esprit de douceur de l'Évangile nous conduirait-il insensiblement
à une familiarité sans respect pour les
choses de Dieu? Et parce que nous ne
sommes plus sous la loi de crainte, mais
sous la loi d'amour, aurions-nous moins
de vénération pour le temple et pour le
tabernacle? Vraiment, on le dirait parfois, à voir les libertés étranges et les
singulières fantaisies que certaines per-
sonnes se permettent dans l'église. Ne
dirait-on pas qu'elles honorent Dieu
par leur présence, et que leur entrée
dans le lieu saint y apporte une majesté
nouvelle? Ne semblent-elles pas traiter
le sanctuaire comme un de leurs salons?
Il faut qu'elles y retrouvent toutes les

[1] Ps. CX, 10.

délicatesses de leur mollesse et de leur vanité. Il leur faut une place, qui sera la leur, que nul chrétien n'aura le droit d'occuper qu'elles seules ; — et je souhaite que leur place au ciel soit aussi fidèlement assurée ! — Il leur faut des décorations qui leur rappellent les fêtes du monde ; elles veulent entendre dans le sanctuaire les mêmes voix qu'elles ont applaudies la veille sur les planches d'un théâtre ; et si la sainte liturgie a ses chants et ses règles qui contrarient ces profanes désirs, elles s'en plaignent. Le dirai-je ? Oui : il leur faut leur prédicateur. Toute parole de Dieu ne leur est point bonne. Il y faut certaines finesses, certains agréments, certaines précautions ; des complaisances pour tel usage, tel préjugé, telle faiblesse ; des silences convenus ; et ainsi, pendant que les auditoires oublient de chercher Dieu dans la parole de Dieu, l'orateur chrétien ressent la tentation de penser à soi-même, de s'accommoder au monde, de complaire à ses mesquines passions au lieu de les combattre, et de mettre dans ses discours, non la droiture et la simplicité de l'Évangile, mais les fleurs fausses de je ne sais quelle éloquence également disgraciée de Dieu et de la nature !

Laissons tout cela, Chrétiens ; demandons au Seigneur de renouveler en nous l'esprit de respect et de crainte pour les choses sacrées.

Messieurs, prenez garde, à cet égard, aux discussions récentes et qui viennent d'agiter si violemment l'opinion [1]. Avez-

---

[1] Les discussions publiques soulevées à propos du livre *la Vie de Jésus.*

vous toujours assez souffert en voyant le nom divin de Notre-Seigneur Jésus-Christ, cloué sur le gibet d'une publicité sans pudeur, et affiché sur les murs de cette grande ville parmi tant de noms frivoles ou impurs? Vous-mêmes, Messieurs, tout en défendant la sainte cause chrétienne, avez-vous su garder le respect et la crainte ; et quand vous avez dit *Jésus*, avez-vous assez compris quel nom venait de paraître sur vos lèvres? O Dieu! des voix plus pures que la mienne vous ont demandé pardon pour les impies qui ont tout osé contre vous ; mais je me sens tenté de vous offrir des excuses pour la sorte de familiarité avec laquelle, parfois, nous vous avons servi et défendu! Le fallait-il pour soutenir la discussion? était-ce le besoin de la controverse? — Peut-être. — Du moins,

Seigneur, que cette liberté ne demeure point une habitude parmi nous ; et dès que le feu de la lutte aura cessé, reprenons cette manière de parler de Jésus-Christ qui ne sent rien de la dispute, et ne respire que l'amour et l'adoration !

Demandons à l'Esprit divin le don de la sagesse. Il semble, Messieurs, que la sagesse consiste dans un certain ordre, dans une certaine harmonie, dans une juste mesure entre les bonnes qualités de l'âme. On peut posséder d'éminentes vertus et n'être point sage ; et c'est le secret de tant de défaites pour les justes en ce monde. Il ne suffit pas d'avoir la lumière et l'ardeur, de brûler d'un grand zèle, et d'aborder avec un indomptable élan de nobles entreprises ; il faut savoir conduire ses forces, les diriger, les modérer ; il faut savoir attendre, savoir discerner le jour et l'heure, « *tempus cor sapientis intelligit*[1] ; » et cette haute direction de l'âme sur elle-même qui assure les victoires intimes, est encore celle qui assure les victoires publiques.

Demandons à Dieu de mettre cet esprit de sagesse dans les chefs des nations et dans les Pères de son Église. On cherche quelquefois avec inquiétude pourquoi le monde est trop souvent dirigé dans le sens de la sottise ou de l'injustice ; on s'irrite de voir les grandes causes de la vérité, du bien, de l'honneur, délaissées et trahies pour la fausse apparence d'intérêts trompeurs ; on cherche avec angoisse les raisons de ces lâchetés publiques qui abaissent et déshonorent l'histoire : Un seul homme,

[1] Eccles. VIII, 5.

aux mains duquel Dieu a remis les destinées des nations, et qui laisse éteindre
en lui la lumière de la sagesse, est souvent toute l'explication de ces tristes
énigmes. Pendant que les peuples s'in-
terrogent, et demandent avec stupeur où
courent se perdre leur sang et leur or,
pendant que les politiques dissertent, et
que les parleurs trouvent à tout des raisons profondes : c'est la colère d'un or-
gueilleux, c'est l'indifférence d'un impie,
c'est la fatigue d'un débauché, c'est la
paresse d'un gourmand qui règlent le
sort du monde ; c'est un goût caché,
c'est une faiblesse secrète, c'est « un che-
veu de son cou [1]. » O Dieu, éclairez et di-
rigez vous-même les chefs des nations, et
ceux qui partagent avec eux le lourd
fardeau du gouvernement des hommes !

[1] Cantic. Cantic. IV, 9.

Si votre sagesse présidait toujours les conseils où se décident les destinées des peuples, que de douleurs leur seraient épargnées ! Quelles réparations à la justice, heureuses et profitables pour tous ! Et, au lieu de l'obstination par pur orgueil dans la tyrannie ruineuse et dans la violence insoutenable, quelles paix plus glorieuses encore pour les forts qui les accorderaient que pour les faibles qui les auraient obtenues !

Mais surtout, Messieurs, demandons l'esprit de sagesse pour les chefs de l'Église, et pour tous ceux qui ont reçu mission de la défendre, de la représenter, de parler en son nom. Bien que les âges passés aient souvent fait à l'Église de Dieu des destinées périlleuses, il est vrai de dire qu'ils ont rarement vu s'accumuler autour d'elle plus de difficultés graves et délicates ; qu'à aucune époque de son histoire elle n'a eu plus besoin de cette sagesse d'en haut qui donne tout à la fois et le courage et la prudence, et cette profonde connaissance des temps qui permet de défendre tous les droits de Dieu sans blesser les cœurs ombrageux des hommes. Loin de nous donc, Seigneur, tout esprit d'aveuglement, d'obstination irréfléchie, d'imprudence aussi et d'ardeur profanes! Loin de nous toute violence, toute hardiesse d'insulte, et cette singulière prétention de servir Jésus-Christ par des armes qu'il a formellement condamnées. Tout cela n'est que faiblesse, et complaisance secrète à ses propres passions. La douceur, la fermeté, le respect des hommes, la parole sincère, et l'honneur exquis dans les choses de Dieu, voilà, Messieurs, devant Dieu et devant les hommes, les armes qui nous appartiennent! C'est à Dieu de nous en revêtir en nous donnant son esprit de sagesse.

Spiritum scientiæ. — La science! Elle vous est bien nécessaire, Messieurs; car aujourd'hui, dans ce grand conflit des opinions, il vous faut plus que jamais être « prêts à rendre raison de votre foi et de votre espérance, » comme parle l'apôtre saint Pierre : « *Parati semper ad satisfactionem omni poscenti vos de ea quæ in vobis est spe* [1]. » Permettez-moi de vous exhorter à ne vous laisser dépasser par personne en ce monde dans les connaissances philosophiques et reli-

[1] 1 Pet. III, 15.

gieuses. J'ose dire que cela vous est facile, Chrétiens, puisque vous possédez dans votre raison éclairée des lumières de la foi, les principes inébranlables de la vraie science de Dieu, de l'homme et du monde. Affranchis des plus graves périls d'erreur, employez la liberté de votre esprit à approfondir ces principes, et à développer toutes les conséquences qu'ils renferment. Soyez, tout à la fois, dans la recherche scientifique, fidèles et libres ; fidèles à la vérité donnée de Dieu, libres dans la recherche des vérités que doit conquérir librement le génie de l'homme. Ainsi, bien loin d'enchaîner vos efforts, la lumière de Dieu ne fera qu'ajouter à la liberté de votre génie ; elle protégera jusques à ses hardiesses, en les éclairant d'un rayon sauveur, et réalisera en vous la promesse du Maître : « La vérité vous fera libres : *Veritas liberabit vos* [1]. »

Mesdames, désirez aussi et demandez à Dieu le don de science ; et parce que Dieu veut toujours la coopération de la volonté humaine dans les affaires qui regardent l'homme, cherchez à acquérir une science qui vous est si nécessaire pour bien conduire, en ce temps, les choses dont vous êtes maîtresses. Si je parle à des mères auxquelles Dieu confie en ce moment de jeunes fils, je les prie de comprendre que la haute éducation intellectuelle qu'elles acquerront pour elles-mêmes, prolongera de dix années leur influence directe et personnelle sur l'éducation de ces chers enfants. Si l'on devait me pardonner d'entrer librement dans les détails d'une si grave question,

[1] Jo. VIII, 32.

qui ne sait l'avantage que donne à une mère, pour l'éducation de son fils, la seule étude de la langue latine? J'ai pu connaître, Mesdames, grâce au genre de ministère que Dieu m'a confié, beaucoup de jeunes écoliers; et je ne crois pas les trahir en vous avertissant que le moment où un enfant aborde ses études de latin est souvent celui où il commence à se détacher de sa mère. Ce jeune esprit, déjà tenté d'orgueil et disposé à l'indépendance, s'aperçoit alors, pour la première fois, qu'il sait une chose que sa mère ignore; et c'est la première séparation entre l'esprit d'une mère et celui de son fils. Une jeune mère instruite, capable de suivre ses fils dans leurs premières études et de les diriger elle-même, gagne sur eux dix années d'influence et d'autorité intellectuelle; elle se perpétue

ainsi, sans avoir rien perdu de son pres-
tige, jusqu'à cet âge où, le jugement d'un
homme étant formé, il connaît et appré-
cie avec justice les qualités de sa mère,
et préfère décidément ses conseils à beaucoup d'autres... Travaillez donc, Mesdames ; soyez des femmes instruites, surtout en religion ; capables de détruire
une erreur ou un préjugé à la table de
la famille, et de dissiper un triste malen-
tendu dans ce salon où vous avez mieux
à faire qu'à obtenir les frêles triomphes
d'une élégance d'un jour. Dieu vous a
destinées, Mesdames, à de plus nobles
combats. Il bénira vos efforts; il vous
enverra cet esprit de science qui vous
donnera, sur des esprits qui vous aiment, toutes les bonnes et bienfaisantes
victoires !

Je ne dirai qu'un seul mot de l'esprit

d'intelligence, *spiritum intelligentiæ.* Il y a des âmes pour lesquelles tout est lumière dans la religion, et d'autres pour lesquelles il n'y a qu'ombre et obscurité. La science ne sert ici de rien, le génie perd ses droits. Il n'est pas rare de rencontrer d'étranges ténèbres, sur les choses de Dieu et de l'âme, dans des esprits clairvoyants en toute autre science; et de trouver au contraire, dans les âmes les plus simples, d'admirables clartés sur les choses éternelles. C'est une paix, c'est une clarté douce, c'est une bienheureuse assurance dans une lumière tranquille. Heureux les cœurs simples qui ont reçu ce grand don de l'Esprit divin !

Spiritum consilii! — Je l'invoque, l'Esprit de conseil, sur ceux d'entre vous, Chrétiens, que la Providence place en ce moment dans une de ces difficultés majeures qui dominent la vie, ou dans l'heure d'un de ces choix solennels desquels dépendra toute la suite de la destinée. Puisse l'esprit de conseil éloigner de votre âme les troubles, les résolutions hâtives, les décisions qu'il faudrait regretter ensuite, et pleurer! Priez, priez! consultez la prudence, non celle qui est de la chair et ne regarde qu'en bas, « *prudentia carnis* [1], » mais celle qui est de Dieu « *quæ ex Deo est.* » Surtout consultez la bonté, grande source des vraies lumières! On a dit : « Les grandes pensées viennent du cœur [2]. » Qu'il soit permis de dire : « Les grandes lumières viennent de la bonté! » Quoi de plus ténébreux et de

[1] Rom VIII, 6.
[2] Joubert.

plus aveugle que la colère, la haine et la jalousie? Les clartés mêmes que donnent quelquefois ces passions sont, pour ainsi parler, ténébreuses ; semblables à ces lueurs blafardes qui paraissent dans la tempête, et n'éclairent que le désespoir et la mort. Mille fois valait-il mieux ne rien voir, que de voir ces choses, et dans cette affreuse lumière ! Que Dieu vous éclaire de sa lumière de bonté ! Qu'il vous secoure dans vos difficultés, qu'il vous sauve dans vos périls, qu'il vous dirige dans vos choix !

Qu'il vous donne encore l'esprit de force, *spiritum fortitudinis*. O Dieu, je ne sais si je parle à des forts ; mais ce que je sais bien, c'est que celui qui parle est un faible, et que dans l'extrémité de ses inquiétudes et de ses défaillances, il n'a de secours et de soutien qu'en vous !

Seigneur, si vous voulez que nous achevions la route, et que durant la marche nous soutenions encore des combats sanglants, donnez-nous la force « *spiritum ad robur !* » Dans nos heures mauvaises, dans nos ébranlements, dans nos défaites, ô Dieu, ne nous abandonnez pas ! Qu'il n'y ait pas de détresse qui nous abatte, et pas d'accablement qui nous fasse lâcher les armes ! Si notre vie n'a plus la libre et fière allure d'une joyeuse victoire, qu'elle ressemble du moins à ces marches héroïques d'arrière-gardes, qui doivent non-seulement faire le chemin à travers la neige et la glace, mais encore couvrir la retraite, s'arrêter pour faire front et repousser l'ennemi ! Dans ces heures terribles, ô Dieu, mettez votre bras sous notre bras, soutenez-nous, dirigez-nous, conduisez-nous, portez-nous ; soyez tout à la fois et le viatique du voyageur et le pain des soldats, afin que tout soit à votre honneur dans les combats de vos fils !

Enfin, Seigneur, donnez-nous l'esprit de piété, « *spiritum pietatis,* » c'est-à-dire l'esprit d'amour pour vous, et le don de savoir trouver en vous toute joie, toute vie et toute consolation.

O Dieu ! c'est vraiment ici la science des saints, c'est leur force, c'est leur richesse, c'est leur refuge, c'est leur triomphe. Ils vous aiment : tout est dit par là ! S'il y a ici quelqu'un qui vous aime, il a compris ! Et s'il y avait une âme assez malheureuse pour ne rien connaître de votre amour, je l'adjure de savoir qu'il y a là une grande chose à comprendre ! Oui, oui, c'est une grande chose que d'aimer Jésus-Christ, de le regarder comme la dernière ressource quand tout est perdu, comme le dernier asile quand le danger est trop excessif, comme la consolation suprême dans l'extrémité du malheur. Oui, oui! heureux, heureux encore, et malgré tout, celui qui rentrant dans sa chambre, le cœur brisé par l'injustice ou la cruelle inintelligence du monde, ne reste pas seul en compagnie de son désespoir; mais vous rencontre alors, ô Jésus, détache votre image d'une main tremblante, se prosterne devant elle, couvre de ses larmes et de ses baisers vos pieds percés de clous, oublie tout dans l'étreinte de cet amour éternel, et se relève fort, doux et calmé! O trésor qui passe tous les trésors! O douceur pénétrante et incomparable de l'amitié de Jésus-Christ! S'il fallait souffrir pour avoir connu toute ta profondeur, qui regrettera d'avoir souffert? Seigneur, mettez un si grand amour dans les âmes de ces chers auditeurs! S'ils sont heureux, je me réjouirai, parce que l'amour de Jésus-Christ augmentera leur bonheur; et s'ils sont malheureux, je serai tranquille, parce que je les sais, par lui sauvés du moins du désespoir!

Allez maintenant, Chrétiens, et emportez dans votre route ces grands dons de l'esprit de Dieu!

En retour de ces dons sacrés que Dieu vous donne, j'ai une grâce à vous demander. En ce jour de la Pentecôte, où retentit pour la première fois la parole chrétienne, ne seriez-vous pas heureux de contribuer à la répandre, cette divine

13.

parole, et de lui élever au sein même du schisme et de l'erreur, une tribune libre et respectée ? C'est l'occasion que je vous apporte. Des catholiques suisses, ceux de la ville de Berne, ne possèdent point d'église. Il faut que leurs saints mystères soient célébrés, le matin, dans un temple que Calvin leur prête un moment, et qu'il reprend et occupe ensuite. Un vénérable prêtre, pasteur des catholiques de Berne, a commencé courageusement la construction d'une église. L'extérieur est élevé déjà, mais tout l'intérieur est à faire, et les ressources sont épuisées. Messieurs, nos frères nous tendent la main, et ils vous demandent aujourd'hui, au nom de ce grand anniversaire que nous célébrons, au nom des apôtres Pierre et Paul, patrons de leur nouvelle église, de leur venir en aide et de les secourir dans leur pauvreté. Cependant, il faut tout vous dire : une si noble prière et si digne de respect a été entendue trop tard pour qu'aucune des dispositions accoutumées ait pu être prise en sa faveur. Le dirai-je ? C'est hier soir seulement qu'elle est arrivée jusqu'à moi. Me blâmerez-vous de n'avoir pas désespéré ? J'ai compté sur l'anniversaire de ce grand jour pour vous intéresser en faveur d'une église missionnaire ; j'ai compté sur votre charité vraiment admirable, j'ai compté sur ma faiblesse ; j'ai cru que la gravité des choses parlerait mieux que moi, et que vous vous plairiez à suppléer par votre grand cœur à tout ce qui nous manque en ce moment. Ai-je eu tort de m'engager si avant dans une telle entreprise ? C'est à vous d'en prononcer. Pour ma part, je ferai tout ce que j'ai promis de faire. Vous souffrirez, chers Auditeurs, que je passe moi-même dans vos rangs, et que je recueille vos dons.

Daigne votre générosité se rappeler encore une fois que c'est aujourd'hui la fête des pauvres églises, celle des riches auditoires, celles aussi des prédicateurs !

IV

L'HISTOIRE DE LA PAROLE.

Pour la fête de la Sainte-Trinité.

> Euntes docete omnes gentes, baptizantes eos in nomine Patris, et Filii, et Spiritus sancti..... Et ecce ego vobiscum sum usque ad consummationem sæculi.
>
> Allez et enseignez toutes les nations, baptisez-les au nom du Père, et du Fils, et du Saint-Esprit...., Et voici que je suis avec vous jusqu'à la consommation des siècles.
>
> (MATTH. XXVIII, 19.)

MESSIEURS,

Parmi les paroles les plus prodigieuses où se soit laissé entraîner l'ambition des hommes, et dont l'histoire ait conservé le souvenir, je n'en connais aucune, il faut bien l'avouer, qui égale celle que vous venez d'entendre. C'est en vain que j'interroge ma mémoire : je ne me souviens d'aucun philosophe ayant osé promettre à son école un retentissement universel et perpétuel. Je me nomme en vain les conquérants : quand Alexandre entreprit ses grandes guerres, il ne regardait de son œil d'aigle que les peuples amollis de l'Orient, et il sentait derrière lui ces admirables armées formées par son père, qui devaient porter à de si lointains échos la gloire de son nom. Quand César passa le Rubicon, en disant cette parole célèbre : *Le sort en est jeté*, il ne regardait que Rome; et il voyait autour de lui ces magnifiques légions qui venaient de soumettre les Gaules et d'en finir avec Vercingétorix.

Quand le grand César moderne entreprit de faire sentir à toutes les nations de l'Europe le poids de son épée, il avait organisé en bataillons de guerre tout un grand peuple encore soulevé, par les ardeurs de la plus violente des révolutions : et ce peuple était la France ! Encore ne se flattait-il point de soumettre toutes les nations, *omnes gentes*, ni de transmettre un empire inébranlé jusqu'à la fin des temps, *usque ad consummationem sæculi*. Ils avaient raison, ces grands conquérants, de ne pas engager l'avenir. Vous savez l'histoire de la succession d'Alexandre ; vous connaissez les rêves de César étouffés dans un coin sanglant du sénat, et les grands desseins de Napoléon sur l'Europe s'éteignant, après dix ou douze années de gloire, dans l'agonie de Sainte-Hélène. Si le temps et la destinée traitent ainsi la gloire, et si de telles vengeances attendent les trop grands élans de l'ambition humaine, je me demande, Messieurs, quels châtiments attendent la parole que je viens de vous redire, et à quelles défaites elle est fatalement condamnée.

Mais quoi! plus je regarde et plus je m'étonne. Quelle scène est sous nos yeux? est-il vrai que ce soient là les prochains conquérants de toute la terre? approchons, ils ne sont guère redoutables. Voyez-vous, sur cette colline de Galilée, ces douze pauvres? c'est l'armée du nouveau César qui vient recevoir ses plans de campagne et son mot d'ordre. Mais ne les reconnaissez-vous pas? n'est-ce point là Pierre qui reniait hier son Maître? n'est-ce point Jean, le bien-aimé, qui ne trouva rien de mieux à faire à l'heure du péril que de s'enfuir? ne sont-ce point ces pauvres disciples qui, une heure après le repas sacré où le Maître leur avait donné tout lui-même, l'abandonnent et disparaissent, « *tunc relicto illo omnes fugerunt* [1]? » C'est à ceux-ci que la parole est dite : « Allez, enseignez toutes les nations, je suis avec vous jusqu'à la fin des temps. »

Si, par hasard, quelque centurion romain, attardé dans sa ronde militaire, passa par la colline de Judée, au moment où la nouvelle armée recevait ses instructions, cet homme dut sourire, et se demander quels étaient ces pauvres fous de mendiants qui allaient partir de ce coin de la Judée pour la conquête du monde ; il dut se dire en lui-même que l'empire romain pouvait dormir tran-

---

[1] Matth. XXVI, 56.

quille, et que le langage de Cicéron n'était pas près d'être remplacé par celui de Jean ou de Matthieu.

Seriez-vous, Messieurs, de l'avis du centurion ? Quant à moi, je trouve que cet homme raisonne fort juste.

Cependant j'ouvre l'histoire, et voici ce qu'elle m'apprend.

1

Les douze pauvres descendent de la montagne ; et au lendemain d'un jour dont nous célébrions dimanche dernier le glorieux mystère, ils engagent le combat de la parole avec la société judaïque. Penseriez-vous, Messieurs, que ce fut un faible adversaire ? Vous connaîtriez bien peu le peuple juif. Je ne vous en dirai qu'un mot. Quand Israël eut inquiété par ses mouvements la vigilance de Rome, Vespasien réunit, pour réduire ce peuple, tout ce que lui put fournir la puissance militaire de l'empire romain : il n'en vint pas à bout. Son fils Titus reprit et continua la guerre ; il fut plusieurs fois défait ; et quand, après les horreurs d'un siége plus terrible mille fois que le siége de Troie, Jérusalem tomba aux mains des vainqueurs, il s'en fallait bien que tout fût terminé. Pendant que Rome élevait des arcs de triomphe, et se glorifiait d'avoir soumis la Judée plus que de toutes ses autres victoires, le peuple juif toujours frémissant, toujours révolté, ne cessait de rêver sa Jérusalem, et de promener avec lui dans l'exil cette rancune immortelle qui est à elle seule, pour ses fils, une patrie et une nationalité.

Voilà le peuple, Messieurs, avec lequel la parole chrétienne engagea son premier combat. Non-seulement les apôtres rencontraient en lui une race dure, obstinée, opiniâtre, attachée par des souvenirs d'une antiquité incomparable à ses traditions, et décidée à toutes les violences pour les défendre ; mais ils rencontraient dans ce premier de leurs combats l'extrême embarras d'avoir à prêcher une doctrine nouvelle au sein de leur nation, au milieu de leurs proches et de leurs amis, et de paraître d'abord des transfuges et des traîtres à ceux qu'ils voulaient convertir. Jésus lui-même avait connu les périls de cette situation.

« Personne, s'écriait-il un jour, n'est

prophète dans sa patrie[1]; » et si le Maître avait mesuré la grandeur de cet obstacle, on peut comprendre que les disciples la sentaient davantage encore. Messieurs, l'avez-vous bien médité ? Quel courage il fallut à ces pauvres pour affronter le regard curieux et ironique des foules qui les avaient connus dans l'humilité de leurs métiers, et qui leur avaient donné plusieurs fois leur salaire ! Quelle divine assurance il leur fallut pour paraître devant le Sanhédrin, et résister en face aux princes des prêtres pour lesquels ils n'étaient que les derniers des hommes ! Comment Pierre, le batelier, osa-t-il parler devant le grand conseil religieux de sa nation ? Comment Paul, ce converti de la veille, osa-t-il, d'un jour à l'autre, condamner

[1] Matt. XIII, 57.

14.

tout ce qu'il avait prêché, enseigner le Christ qu'il persécutait, et s'élancer à la conquête des âmes pour Jésus-Christ, comme il courait hier, bride abattue, sur le chemin de Damas à la poursuite des chrétiens ? C'est que Jésus-Christ était en eux, « *ecce ego vobiscum sum.* » C'est que la promesse de la divine assistance commençait à s'accomplir ; c'est que l'amour répondait à la présence divine, et c'est l'amour qui, à travers les siècles, soutient et porte la parole. Voulez-vous, Messieurs, le dernier secret de l'incomparable audace des apôtres, et de leur assurance inexplicable devant les propres chefs de leur nation ? Écoutez bien une réflexion du livre des Actes. Puisque nous racontons l'histoire de la parole, nous allons rencontrer ici un trait constant et dominant de cette histoire. Le grand conseil avait fait aux apôtres la défense de parler de Jésus-Christ. Il semble, Messieurs, qu'il en eut le droit; et voilà un remarquable exemple de ces conflits où il s'agit d'abandonner une autorité ancienne, jusque-là seule maîtresse, pour suivre celle que Dieu lui-même constitue. Les apôtres n'hésitent pas; chose prodigieuse pour des Juifs, ils désobéissent aux princes des prêtres, et répondent simplement cette formule éternelle du droit nouveau : « Nous ne pouvons pas ne pas parler, *Non possumus non loqui* [1]. » C'est le premier engagement de la parole; alors, comme toujours, on entreprend de réduire l'âme par la violence extérieure, et de lui arracher le sentiment de son droit par ces pauvres et absurdes moyens de la con-

[1] Act. IV, 20.

trainte qui ne font jamais que centupler les forces de l'esprit. On saisit les apôtres, on les soumet à un châtiment ignominieux, et encore marqués dans leur chair du fouet des esclaves, on les jette hors de la Synagogue. Le livre des Actes nous les montre sortant du lieu de leur supplice. O texte admirable ! « Ils allaient, dit le saint livre, enivrés de joie, parce qu'ils avaient été jugés dignes de souffrir l'ignominie pour le nom de Jésus ! *Ibant gaudentes, quoniam digni sunt pro nomine Jesu contumeliam pati*[1] ! » Qu'en dites-vous, ô persécuteurs ? vous attendiez-vous à ce trait ? Ah ! je comprends votre stupeur : jusqu'à ce jour vous n'avez vu sous le fouet que la bassesse coupable ou l'orgueil révolté ; mais c'est autre chose que vous y trouvez mainte-

----

[1] Act. V, 41.

nant, et cette nouvelle puissance qui transfigure tout, qui change les larmes en bonheur, les chaînes en liberté, les fouets en ravissements, vous épouvante et vous déconcerte. Je la nommerai, cette puissance, ô persécuteurs, pour vous troubler davantage : c'est l'amour ! Eh quoi ! vous ne le saviez donc pas ? vous ne saviez donc pas que c'est le dernier vœu de tout grand amour que de souffrir pour ce qu'il aime, et que cette souffrance, à elle seule, est une victoire, parce qu' « elle est un lien de plus ! » Ah ! connaissez-le maintenant. Oui, venez, chaînes, prisons, fouets, ignominies, et tout ce que la colère violente pourra inventer de supplices : « *Ibant gaudentes !* » Les apôtres n'y trouvent que des ravissements, de la joie, du bonheur ; encore une fois c'est ainsi l'amour ! Tout ce qu'ils aiment c'est leur Jésus, et c'est mille fois trop d'honneur que d'avoir été couverts d'ignominies pour ce divin Bien-Aimé !

La parole ne craindra plus rien maintenant. Elle a fait ses premières preuves, elle sait ce qu'elle peut faire, soutenue par l'amour de Celui qu'elle aime. Elle s'élance donc, confiante, à la conquête du monde. Paul parcourt deux ou trois fois le monde connu ; il couvre d'églises la Grèce, l'Asie Mineure ; et Pierre entrant à Rome commence à prendre, au nom de la papauté, possession du Capitole. Que vous dirai-je, Messieurs, de la grande lutte engagée dès lors entre la parole apostolique et l'Empire romain ; et si j'ai parlé tout à l'heure de la puissance d'Israël, que vais-je dire de cette Rome au pied de laquelle toute l'antiquité a épuisé le langage de l'adoration ? Tout cela , Messieurs , vous est connu. Bornons-nous donc à saluer la parole chrétienne, dans le second de ses grands combats , et à l'admirer sous les deux formes où Dieu se plaît à la montrer au monde : sur les lèvres des apologistes et sur celles des martyrs.

Oui, je l'admire, cette parole, sur les lèvres d'un Origène, d'un Athénagore, d'un saint Justin, d'un Tertullien ! Quelle raison, quel calme, quelle gravité, quelle patience, et, jusque dans la fougue du grand Africain, quelle logique et quel courage à démontrer l'évidence ! Eh quoi ! Messieurs, dès que nos adversaires nous méconnaissent aujourd'hui , au moindre de leurs soupçons, à la moindre calomnie, il en est parmi nous qui perdent aussitôt toute contenance, et ne savent plus défendre la vérité qu'en rendant injure pour injure, et défi pour défi. Qu'il soit permis de les renvoyer au grand exemple de douceur intrépide que donna pendant trois cents ans la parole des apologistes; il n'y a folies monstrueuses, il n'y a sanglantes et obscènes calomnies, que l'imagination païenne n'ait alors accumulées contre les chrétiens. Mais si l'âme chrétienne sentit l'outrage, elle n'en laissa passer l'émotion dans sa parole que dans la mesure nécessaire à l'honneur, et elle fut douce envers l'insulte.

Il y a plus : « elle fut douce envers la mort, » comme l'a dit notre Bossuet, et se retrouva souriante et intrépide sur les lèvres des martyrs. Alors, Messieurs, la terre vit un spectacle qu'elle n'avait jamais contemplé. Alors une alliance étonnante se fit entre les trois plus grandes forces qu'il y ait en ce monde : l'amour, le sang et la parole. Alors, une parole inconnue, enflammée d'amour et empourprée de sang, commença de retentir devant tous les tribunaux de l'empire, depuis celui de César jusqu'à celui du dernier des proconsuls. Qui dira, Messieurs, ses élans divins? qui racontera ses victoires? qu'elle est belle sur les lèvres d'un évêque comme Ignace d'Antioche ou Polycarpe, protestant jusque sur le bûcher ou sous les dents des lions qu'il n'y a rien de meilleur ici-bas que de mourir pour Jésus-Christ! qu'elle est belle sur les lèvres d'un soldat comme Victor, Sébastien, ou Maurice, déclarant qu'ils n'ont jamais tremblé devant la mort, et qu'ils ne commenceront pas à la craindre maintenant qu'elle est le prix de la liberté de leur âme ! Mais quoi ! Messieurs, qu'elle est plus belle encore, ou du moins d'une beauté plus touchante, sur les lèvres des enfants et des vierges, alors qu'elle fait pâlir par sa céleste innocence le front des magistrats, et qu'elle accueille la mort désirée avec des sourires angéliques ! Voyez - vous cette jeune enfant, dans toute la beauté de sa candeur joyeuse ? elle a treize ans et elle se nomme Agnès ; elle a déclaré qu'elle est chrétienne, et qu'elle entend bien mourir pour ce Jésus auquel elle a tout donné. On n'a pu la charger de fers, disent les Actes de son martyre, parce que nul chaînon ne s'est trouvé assez étroit pour saisir ses petites mains. La voilà devant le redoutable tribunal ; mais pendant que le juge s'efforce de l'effrayer, pendant que la foule, saisie d'horreur et de compassion, ne peut retenir ses larmes, pendant que tout s'apprête pour le supplice d'une enfant, écoutez, Messieurs, la naïveté de l'amour dans la parole chrétienne : « Eh quoi ! s'écrie la jeune martyre, il me semble que vous faites trop longtemps attendre l'Époux bien-aimé qui m'appelle : bourreau, pourquoi tardes-tu ? *Hæc Sponsi injuria est expectare placituram ; percussor, quid moraris ?* » O candeur admirable d'un amour plus fort que tous les supplices ! ô gloire virginale de la parole ! ô éloquence des enfants ! Que faire, Messieurs, contre ce grand peuple des chrétiens dont les petits enfants viennent balbutier devant les supplices une parole forte comme l'éternité ? c'est à décourager un Néron, un Tibère et un Dioclétien. Victorieuse des Césars, à force de savoir aimer et mourir, la parole sort enfin des catacombes, et, retentissant pour la première fois dans la paix et l'honneur de la victoire, elle acclame au concile de Nicée la divinité de ce Jésus-Christ, que trois siècles de martyres portent déjà devant l'histoire des hommes.

Alors, pour récompenser ces chrétiens de leur fidélité courageuse dans les ténèbres des catacombes, et aussi pour en finir avec le double orgueil de l'hérésie qui se vante d'avoir son Arius, et de la sagesse païenne qui, en la personne de Julien, vient d'interdire aux chrétiens l'étude des lettres et l'enseignement de la rhétorique, Dieu a résolu de donner à la parole un éclat inattendu. Nous sommes au quatrième siècle de l'Église. Veuillez bien le remarquer, Messieurs, la conquête du monde s'est faite par la parole aidée de l'amour et du martyre, mais sans le secours du glaive et sans le secours du génie. Ce sont les petits et les pauvres qui, à force de dire, « *Je suis chrétien,* » et de le signer de leur sang, ont changé le monde. Mais si le génie n'a pas remporté la victoire, afin que la merveille de Dieu demeure plus sensible à tous, le génie pourra organiser le triomphe et honorer le nouveau règne de l'Évangile. Ne craignez pas, Messieurs ; quand Dieu veut faire de l'humilité, il sait faire de l'humilité ; et quand il lui plaît de faire du génie et de la gloire, il sait en faire comme personne. Cette parole chrétienne, tout à l'heure si simple, si austère, si brève et si militante, se revêt tout à coup de splendeurs inaccoutumées ; les maîtres s'émeuvent dans les écoles, les rhéteurs profanes sont troublés et leurs leçons désertes ; on raconte que de plus grands orateurs ont paru dans l'Église ; le génie s'étend comme une flamme de l'orient à l'occident, et le même siècle voit contemporains dans la même gloire des hommes comme saint Jean Chrysostome, saint Basile, saint Grégoire de Nazianze, saint Jérôme, saint Ambroise et saint Augustin ! C'est à vous de vous taire, profanes, et de venir apprendre que le Dieu des chrétiens sait tenir, quand il lui plaît, école d'éloquence. O parole des Pères, vous avez traversé les siècles, et vous êtes venue jusqu'à nous. Avec quelle vénération et quelle fierté filiales nous recueillons vos accents, et nous nous mêlons en esprit à ces grands peuples qui eurent la gloire de vous entendre ! O maîtres de la divine éloquence, mettez dans le langage des orateurs chrétiens qui portent après vous le fardeau de la parole, quelque chose de cette gravité, de cette largeur, de cette puissance, de cette autorité, qui vous donnèrent l'empire des âmes ; et surtout de cet amour de Jésus-Christ sans lequel la plus brillante éloquence ne sera jamais dans l'Église qu'un contre-sens, si elle n'est pas un scandale !

II

Le monde ancien écoutait encore, dans le ravissement, ces voix souveraines, quand le plus grand orage dont l'histoire humaine ait conservé le souvenir vint s'abattre sur l'Europe. Depuis longtemps déjà, du fond des steppes septentrionaux de l'Asie, d'immenses multitudes d'hommes se pressaient en colonnes épaisses vers l'Europe, et venaient peser sur les barrières que leur opposait la vigilance des armées romaines. Une heure vint, où le flot humain ayant subitement grossi, toutes les digues rompirent à la fois. En un instant, l'empire tout entier fut envahi par des peuples étranges, farouches, avides et sanguinaires, qui, portés, ils le croyaient et le disaient eux-mêmes, par des conseils divins, commencèrent à changer la face du monde. Or je vous prie de considérer, Messieurs, que dans toutes vos histoires vous saluez l'arrivée des barbares comme la venue du flot régénérateur ;

vous dites volontiers : « Il fallait au vieux monde du sang nouveau ; » et apercevant derrière l'invasion les temps de saint Louis, de saint Thomas d'Aquin et d'Innocent III, vous accueillez sans plaintes, et même avec faveur, les nouveaux venus. Libre à vous, Messieurs, de porter ce jugement qui ne tient compte que du dernier résultat, à la condition que vous vouliez bien ne pas oublier deux choses : l'affreuse horreur qui se répandit sur le monde quand parurent les barbares, et la divine patience avec laquelle la parole chrétienne, domptant ces peuples farouches, sauva la terre d'un déluge de sang.

Je ne dirai rien de la fureur des barbares. Au cinquième siècle, l'histoire s'arrête ; et c'est à peine si quelque chroniqueur a le courage, entre deux assauts, deux pillages , deux incendies et deux massacres, d'écrire quelques pages souillées de sang et de larmes, et pleines de la conviction que la fin du monde est venue. L'empire est tombé, Rome est tombée. Où sont les légions et les aigles? où sont les Césars? Au milieu de ces ruines, je ne vois debout qu'une seule institution ; mais il est vrai qu'elle est divine : c'est l'Église! et je n'aperçois qu'une seule arme qui lutte encore pour couvrir le sein du vieux monde et dompter le monde nouveau : c'est la parole.

Oui, elle reparaît la parole chrétienne, non plus ornée de ses vêtements de fête, mais de son armure de combat. N'y cherchez plus le style et l'éloquence ; elle n'a plus autour d'elle que ses deux grands alliés : l'amour et le sang. L'ère des martyrs recommence ; il s'agit de conquérir le monde une seconde fois. Passez, infatigables apôtres, saints et illustres évêques devenus les missionnaires de ces temps terribles, allez au-devant de ces multitudes effroyables! Pénétrez dans ces forêts noires de la Germanie que n'ont pas percées les armées romaines! Fondez, au sein même de la sauvagerie sanguinaire, des monastères où se gardera le culte de l'intelligence. Le monastère à peine installé, passe une chevauchée de barbares qui brûlent et massacrent tout. Relevez le monastère de ses ruines, et ramenez-y des âmes, du dévouement et de la prière; il y aura du sang chrétien tant qu'il en faudra pour le salut du monde. Passez jusqu'aux tribus des Saxons, des Scots, des Scandinaves, des Frisons; apprenez les langues de ces sauvages, pour pouvoir les plier à entendre et à parler le langage de Rome. Tout à l'heure vous serez surpris vous-mêmes de votre victoire, et disciplinés par cette patience héroïque, vous verrez les fils des barbares venir en foule demander le baptême, quitter la framée pour la charrue, et devenir peu à peu quelque chose de semblable à un peuple capable de respecter Dieu et d'obéir à des lois.

Comme la parole, après avoir conquis le monde romain, a organisé sa victoire, ainsi, après avoir conquis le monde barbare, c'est elle encore qui le discipline et le règle ; elle est là pour protéger les faibles, pour instruire les forts, pour sauver dans le monde la liberté de l'esprit. Faut-il parler aux rois et leur enseigner que leur puissance a des bornes, elle se retrouve sur les lèvres de Tho-

mas de Cantorbéry et de Grégoire VII. Faut-il unir les nations européennes à peine formées, en leur proposant une grande œuvre commune à accomplir? Saint Bernard prêche la croisade. C'est la parole qui entraîne ces grands mouvements d'où les peuples de l'Europe sortiront tout à la fois plus rapprochés et plus distincts, en même temps qu'un grand idéal divin aura purifié les imaginations et les ardeurs de ces races guerrières.

La parole accomplit avec non moins de gloire des œuvres plus pacifiques; elle organise la conquête de l'intelligence par la foi. C'est la scolastique; c'est le temps de ces grands hommes, qui du sein de ce qu'on veut encore appeler les ténèbres du moyen âge nous éclairent et nous étonnent; c'est le temps de saint

Thomas d'Aquin ; et comme l'élégance de saint Basile et l'ampleur subtile de saint Augustin ont satisfait les esprits de leur temps, l'austère et rigoureuse curiosité du grand Docteur angélique répond bien à des intelligences déjà civilisées par l'étude des antiques, mais encore affectées de l'astuce barbare. Pendant ce temps retentit la parole de la sainteté ; saint François prêche la pauvreté, « sa chère dame ; » saint Dominique se sert de la parole comme d'une épée contre les ennemis de la vraie foi ; le treizième siècle entend ces grandes voix, il les écoute, il les admire ; il en inspire sa vie, ses lettres, ses arts, ses institutions ; et quand son astre se couche dans les nuages des tempêtes prochaines, l'histoire peut du moins se recueillir, et saluer le soir d'un grand siècle.

Je le sais, Messieurs, il n'y a pas que des gloires à raconter dans l'histoire de l'Église; pourquoi s'en étonner? l'Église est un composé d'homme et de Dieu, et si elle est divine en Dieu, elle est fragile et humaine en l'homme. Traversons donc avec tristesse les temps assombris qui succèdent au grand siècle chrétien. Cependant, Messieurs, ne tremblez pas trop dans ces ténèbres. S'il s'agit de faire cesser le grand schisme, la parole chrétienne retrouve toute son ardeur; Dieu la place cette fois sur les lèvres d'une femme, et sainte Catherine de Sienne est chargée de persuader par son éloquence aux pontifes de Rome qu'il est le temps de revenir au siége de Pierre et de Paul.

D'ailleurs, Messieurs, si les temps sont tristes du côté de notre Europe, Dieu ouvre en ce temps à la parole des horizons inespérés. Tout à coup la nouvelle se répand qu'on ignorait la terre, et que des mondes nouveaux viennent d'être découverts par de hardis navigateurs. Les Indes d'un côté, l'Amérique d'un autre, ont apparu aux regards émerveillés ; ces mondes sont chargés d'âmes qui ignorent Jésus-Christ. C'en est assez, la parole y vole aussitôt. Portée par un de ces conquérants des âmes qu'on ne peut comparer qu'au grand saint Paul, et que la nouvelle et déjà puissante compagnie de Jésus a donnés à l'Église, elle marche de victoires en victoires. François-Xavier semble chargé spécialement de réaliser le mot d'ordre du premier jour : « *Euntes in mundum universum,* » et ce n'est plus par individus, c'est par royaumes qu'il faut compter ses conquêtes. Une foule d'apôtres suivent un si grand chef, et commencent alors cette œuvre des Missions qui nous coûte tous les jours, Seigneur, le plus pur de notre sang, que nous ne regrettons jamais !

Quittons ces guerres lointaines, revenons à notre France. Dieu s'apprête à y faire éclater l'honneur de sa parole. Parlerai-je de l'éloquence de Vincent de Paul ? J'ai peur ici des écoliers de rhétorique ; ils trouveront des manques de goût dans le langage du grand saint. Pour ma part, Messieurs, je tiens pour éloquente une parole qui a donné à la France les deux choses que je vais dire : un clergé instruit, pieux et régulier dans l'institution des séminaires ; et cette congrégation des filles de la Charité, qui est à elle seule le plus beau discours que la terre ait entendu, et comme le plus bel entretien entre l'amour de Dieu et l'amour des hommes ! Puissante en œuvres sur les lèvres de saint Vincent de Paul, la parole trouve une douceur nouvelle et comme une naïveté angélique sur celles de François de Sales ; et tant qu'il faudra prouver que notre religion n'éteint dans le cœur rien d'élevé, d'intelligent, de pur et de tendre tout à la fois, nous invoquerons le langage de ce grand ami des âmes.

Enfin viennent les maîtres ; et comme pour se faire honneur de cette belle langue française, si claire, si précise, si vaillante dans son allure, et qui vient à peine d'être achevée dans sa formation, Dieu s'en empare, et ordonne à quelques hommes de dire sa gloire en cette langue qu'écoutera désormais toute la terre. Vous les connaissez, Messieurs, les orateurs de notre grand siècle : Bourdaloue, Fénelon, Bossuet. Bourdaloue, la raison ; Fénelon, le cœur ; Bossuet, tout ! Messieurs, j'ai nommé Bossuet : avec ce grand homme nous rentrons dans l'âge des Pères. Mais j'ose dire que nous y rentrons avec toutes les sortes de grandeurs de plus, la parole de Dieu possédant en Bossuet toutes les qualités de chacun des Pères, et n'ayant aucune de leurs faiblesses. Majestueux comme saint Jean Chrysostome, élégant comme saint Basile, poëte comme saint Grégoire de Nazianze, savant comme saint Jérôme, doux comme saint Ambroise, ardent, profond et tendre comme saint Augustin, Bossuet parle, osons le dire, Messieurs, comme on n'a jamais parlé sur la terre. Dieu veut donner une fois à son Église cet honneur d'une parole vraiment souveraine, et c'est Bossuet qui la porte. Ce grand homme ne sait pas seulement étonner les trônes par les coups soudains de son éloquence; il a le don de la parole douce, intime, miséricordieuse : la parole du cœur, la parole des entrailles, et j'ose dire, Messieurs, que sous ce rapport vous connaissez trop peu Bossuet. Laissez un moment ses grands discours; oubliez ses immortelles oraisons funèbres, comme lui-même si volontiers les oubliait; ouvrez ses lettres intimes. Voyez le grand évêque, à travers tous les travaux, trouver du temps pour les douleurs des âmes les plus humbles, et, s'il vous faut un trait de plus, regardez-le se reposant du fardeau de la célébrité et se consolant de sa gloire dans la douce, ancienne et intime confiance qui le rapproche d'une âme sainte et obscure : les lettres de Bossuet à la sœur Cornuau : sachez, Messieurs, que la parole chrétienne est encore là, éloquente, forte, savante, éclatante même, avec une douceur et une tendresse contenues qui consoleront longtemps les pauvres âmes délaissées en ce monde; Dieu se servant des amitiés des saints pour faire parvenir le parfum d'une noble affection à tant d'âmes que n'effleure jamais ici-bas le bonheur d'être aimées !

Après Bossuet, il se fait un silence dans l'Église de France. L'Église connaît ces silences douloureux ; ce sont des temps de grandes épreuves, quelquefois ce sont des temps coupables. A Dieu ne plaise qu'un jeune prêtre ose venir, dans la chaire chrétienne, faire le procès à l'ancien clergé de France, doué de tant de science et de vertus! Cependant, Messieurs, sera-ce manquer de respect à nos pères que de voir pour eux, dans une trop longue suite d'honneurs et de prospérités, le péril d'une sorte d'engourdissement et de sommeil, qui permet, pendant tout le dix-huitième siècle, à Voltaire et à ses camarades, de troubler l'honneur de l'esprit humain par leurs grimaces philosophiques, sans qu'une grande voix s'élève pour faire la police parmi ces libertins, et faire rentrer sous terre la gloire la plus scandaleuse qu'ait supportée la pudeur des hommes? Hélas! où est Bossuet, armé par Dieu de la verge angélique qui flagellait Héliodore? Mais non! il faut bien avouer que la parole fait silence; elle semble dormir, et à ses côtés semblent dormir aussi les deux compagnons immortels de ses combats et de ses gloires : l'amour et le sang du martyre. Dieu commence par réveiller ces deux alliés de la parole. Vous savez, Messieurs, comment il s'y prend, et quel est cet *orage surnaturel*, comme parle le comte de Maistre, qui vient réveiller l'amour et le martyre dans l'Église de France. Je ne sais pas si nos pères dormaient; tout ce que je sais, c'est qu'à peine éveillés par la main de Dieu, ils ont été dignes de leur grande et douloureuse destinée. Semblable à ces bonnes troupes qui, enveloppées pendant leur sommeil par un ennemi cent fois plus nombreux, et surprises tout à coup par la mort, se forment aussitôt en bataille, et, n'ayant pas su prévoir l'ennemi, meurent du moins dans la pureté de l'honneur et dans les règles de la discipline, l'ancien épiscopat français, éveillé de ses prospérités trop molles et de ses grandeurs trop fastueuses par les saturnales révolutionnaires, eut du moins cette gloire qu'il sut monter les marches des échafauds d'un air aussi majestueux et aussi facile qu'il montait jadis les escaliers de nos rois. D'un jour à l'autre, la parole reparut sur ses lèvres, enflammée d'amour pour Jésus-Christ et empourprée du sang du sacrifice ; elle retentit devant les tribunaux révolutionnaires, comme jadis devant ceux de César ; elle retrouva dans l'amour et dans le sang toute son immortelle beauté, et quand la tempête fut un peu calmée, elle reparut rajeunie par le martyre, armée pour le combat, accoutumée aux bruits de la guerre et aux heures du péril, confiante, courageuse, hardie, imprévue, prête à parler le langage des hommes nouveaux, nouvelle elle-même, et à ne contredire le siècle que Dieu venait d'inaugurer par des prodiges dans aucun de ses justes désirs et de ses légitimes progrès.

C'est ainsi, Messieurs, que nous l'avons entendue. O Dieu ! à quels souvenirs me conduisez-vous, et aurai-je le courage d'achever l'histoire de la parole? Deux générations d'hommes se partagent cet auditoire : il y a celle qui a entendu les deux grands religieux dont je dois parler, et dont je ne dirai pas le nom, puisqu'en ce moment tous le disent dans leur cœur ; et il y a déjà la génération plus jeune, celle qui est venue trop tard, et qui n'a rencontré autour d'elle que les reflets de leur gloire et les échos de leurs accents.

Messieurs, nous qui les avons entendus, n'est-il pas vrai que nous emporterons dans l'éternité, comme une vision heureuse, le souvenir de ces grandes assemblées de Notre-Dame, où, sous les auspices des deux apôtres choisis par Dieu pour évangéliser les hommes de leurs jours, parut se consommer l'alliance de la religion éternelle avec le siècle nouveau? Quelles que soient désormais pour nous les vicissitudes de la destinée, quels que soient les mécomptes, quels que soient les revers, nous retrouverons dans ce souvenir la force de croire encore et d'espérer. A travers les faiblesses, les défaillances, les fautes, les chutes mêmes de notre vie, nous reverrons toujours la figure forte et virginale de ce grand archange de la parole, qui emporta sur ses ailes notre jeunesse;

nous demeurerons fidèles aux espérances que nous tenons de lui, et, s'il nous faut mourir avant d'en avoir touché de nos mains la réalisation, nous en léguerons la tradition à ceux qui viendront après nous.

Pour vous, jeunes frères et amis, qui ne l'avez point connu, et qui ne cessez de nous dire : « J'étais trop jeune alors ! hélas ! quel regret de n'avoir pu l'entendre ! » en vérité je ne sais que vous répondre ! Oui, plaignez-vous ! et si vous voulez une consolation, lisez son éloquence écrite, bien puissante encore, quoiqu'il y manque l'ardeur de son geste inspiré, la majesté de son grand front et la flamme de ses grands regards ! Consolez-vous encore en priant Dieu de vous donner des orateurs ; il en faut à l'Église, il en faut à la jeunesse ; le silence ne lui est pas bon ! O Dieu, puisque vous nous avez ravi le prophète, laissez tomber sur quelqu'un le manteau d'Élie ! Et s'il était permis d'ajouter un vœu à cette prière, nous dirions : Que ce soit, Seigneur, sur l'un des fils de cette grande famille de saint Dominique, qui a droit, ce semble, à l'héritage de son éloquence comme à l'héritage de ses vertus.

Telle est, Messieurs, l'histoire de la parole ; tel est jusqu'à ce jour l'accomplissement du grand mot d'ordre donné à l'armée apostolique : Allez dans le monde entier, enseignez toutes les nations. Je suis avec vous jusqu'à la fin des siècles.

Et maintenant, Messieurs, qu'en pensez-vous ? Trouvez-vous que le commandement s'exécute ? trouvez-vous que la promesse s'accomplisse? vous semble-t-il que les destinées de la parole divine aient quelque chose qui passe l'ordinaire? ou bien oserez-vous encore vous ranger parmi ces étranges imprudents qui prédisent la mort à l'immortalité, et se flattent que tout ce bruit de dix-huit siècles va cesser demain? Vous me permettrez, Messieurs, d'en croire plutôt la promesse de Jésus-Christ, et de me confier à cette éternelle parole : « *Je suis avec vous jusqu'à la consommation des siècles.* »

Si vous deviez me pardonner un dernier mot, qui sera le souvenir très-cher d'une grande émotion : je me rappelle qu'étant à Rome, dans des jours heureux, j'errais un soir sous les immenses voûtes du Colisée ; et foulant aux pieds les fragments brisés des marbres qui avaient porté les Césars, et considérant ces grandes ruines pendantes que soutient, plus que leur ciment, la végétation puissante qui les couvre, et, au lieu des bruits de la foule, de l'éclat des fêtes, des cris des gladiateurs, de l'orgueil des empereurs, n'entendant plus que le chant d'un petit oiseau perdu au sommet des ruines, et le souffle du vent sous les grandes voûtes, je me disais : Vraiment c'est ici un lieu funèbre, tout y est ruine, désolation, silence, oubli ; la vie n'y respire plus, la mort seule y tient son empire.

Pendant que j'étais dans ces pensées, je vis venir une foule d'hommes et de femmes, marchant en ordre, et précédés d'une croix. L'assemblée se dirigea vers un point du vieil amphithéâtre ; il y avait là une tribune de bois, un pauvre capucin y monta, et tout à coup une voix jeune et vibrante fit redire à tous les échos du Colisée le nom de Jésus-Christ.

C'était elle, Messieurs, c'était la parole ! — Je compris alors qu'il y avait dans le monde une puissance plus durable que les empires, plus forte que le temps, plus redoutable que les Césars, capable de survivre à toutes les révolutions de l'histoire et à toutes les ruines : la parole ; et je me promis de lui conserver toujours dans mon cœur deux sentiments impérissables : celui de la vénération pour son antiquité ; celui de la foi et de la confiance en son immortelle jeunesse !

V.

L'AMOUR DE DIEU ET DES HOMMES.

~≈~

Pour le jour de la Fête-Dieu.

———

MONSEIGNEUR, MESSIEURS,

Quand je regarde les fêtes du monde, et que je me demande à moi-même quelle est la plus solennelle et la plus douce, je m'aperçois bientôt que ce n'est pas celle des fêtes qu'entourent la pompe la plus splendide, le plus brillant éclat et le plus grand bruit. Je considère ce qu'on appelle les fêtes des peuples. Je remarque aussitôt qu'elles sont célébrées d'ordinaire au lendemain des révolutions, et qu'elles viennent saluer, dans une ivresse d'un jour, des conquêtes sanglantes et menacées. Si je songe aux fêtes des rois, je vois bien encore l'agitation, la marche des grandes foules, des cris, du bruit, et une turbulente apparence de plaisirs publics ; mais je ne puis me défaire d'une secrète inquiétude : je n'ose interroger les cœurs. La confiance, la joie, l'amour, sont-ils ici ? C'est à vous de le dire, Messieurs, et aussi de veiller, l'arme au bras, à ce que ces jours de fête ne se changent point en jours de révolte et de bataille. Il y a, je le sais, les fêtes militaires, et les rentrées triomphales des armées victorieuses, au lendemain des glorieuses guerres. Qui ne serait ému par ce spectacle ? Quand défilent, couverts de fleurs et acclamés, ces bataillons meurtris qui rapportent dans les débris de leur drapeau la gloire grandissante de la nation, je sais bien que le cœur bat ; le rhythme guerrier vous emporte ; on se met à l'unisson de cette marche héroïque, on ne retient plus ses cris joyeux. Cependant le cortége passe ; et après l'armée qui survit, une autre armée invisible aux yeux, mais trop visible à l'esprit, commence, elle aussi, son défilé sanglant. C'est la grande armée des morts, l'armée des immolés, des délaissés, des oubliés, l'armée de ces douleurs atroces et de ces infirmités prolongées, qui traîne son cortége fatal derrière ce que nous appelons la gloire ! Vous le voyez, Messieurs, ce n'était pas encore là l'idéal d'une fête parmi les hommes.

Quoi donc! n'y aura-t-il sur la terre aucune fête qui mérite son nom? et sera-t-il toujours trompé l'instinct profond qui pousse les hommes à s'assembler pour célébrer un souvenir heureux? Non, Messieurs. Il y a, Dieu merci, de vraies fêtes dans le monde; et, pour citer la plus pure et la plus douce, il y a la fête du père dans l'intimité de la famille. Laissons tout le vain bruit des grandeurs tumultueuses; entrons dans le sanctuaire domestique. Voyez la joie des enfants célébrant le premier amour auquel ils doivent tout, et apprenant du père comment il faut savoir être bon et aimer. Voilà, si je ne me trompe, une fête; la plus grave et la plus douce des fêtes des hommes, la fête de l'amour paternel célébrée dans l'assemblée des fils.

Chrétiens, c'est une fête semblable, mais plus auguste et plus sainte encore, que la religion vous invite à célébrer aujourd'hui. C'est la fête paternelle par excellence, la fête du Père des hommes, la fête de cet amour éternel qui enveloppe toute créature. Oui, si la terre était docile aux volontés divines, elle devrait ressembler aujourd'hui à une salle de fête dans laquelle tous les hommes, réunis comme des fils autour du père, viendraient oublier leurs divisions, faire cesser leurs querelles, jeter bas les armes de leurs luttes, faire taire tous les souvenirs de leurs tristesses, et, célébrant le grand amour du Dieu des chrétiens, ne chercher qu'à en retracer dans leur vie l'immortelle beauté !

Hélas! Messieurs, est-ce un si heureux spectacle que présente aujourd'hui la terre? Une fête si solennelle et si douce réunit-elle dans un même sentiment toute la famille humaine? Hélas ! je vois encore la plupart des hommes préoccupés des autres fêtes, celles du bruit, de l'or, de la gloire et du sang, et trop oublieux de la fête paternelle. Cependant cet oubli n'est pas en tous ; et, s'il y a dans la grande famille les fils de l'ingratitude, il y a aussi, je le sais, les fils de la foi et du fidèle amour. Élevez vos regards, chrétiens; en l'instant même où je parle, quel noble spectacle présente la famille catholique! Voyez ces peuples émus, ces foules parées entourer les églises; tant de familles particulières venir offrir au Dieu d'amour les plus jeunes de leurs enfants avec les fleurs de l'année nouvelle, et commencer ce grand et solennel cortége de la Fête-Dieu, que je vois, pour ma part, ininterrompu de la plus pauvre église de village aux parvis du temple éternel! Vous êtes, Messieurs, de ces chrétiens fidèles qui célèbrent avec foi la fête de l'amour divin, et vous êtes ici pour entendre parler de cet amour.

O amour de Dieu pour les hommes! ô amour paternel! si jamais j'ai désiré de savoir parler, c'est aujourd'hui, que tous ces chrétiens célèbrent votre fête, et sont tout disposés à emporter dans leur cœur les vertus de vos exemples! Je voudrais leur montrer d'abord comme vous les aimez, et ensuite comme ils doivent vous aimer vous-même et s'aimer entre eux. Daignez mettre sur mes lèvres et la flamme qui consume et la douceur qui calme, afin que, dans la louange de vos tendresses divines, tout concoure ardemment, mais sagement, à enflammer les cœurs qui m'écoutent de la plus sainte des émulations.

O Père, bénissez ma parole, et bénissez l'attention de vos fils !

I

Il y a, Messieurs, deux grandes lois de l'amour auxquelles Dieu même a voulu se soumettre dans sa paternelle tendresse pour les hommes : et ces deux lois, je les nommerai la loi de la marche et la loi du terme.

C'est la loi de l'amour, qu'à partir du premier moment de son existence, il ne peut vivre qu'à la condition de grandir. Il faut qu'il croisse, qu'il monte, qu'il se fortifie par joies ou par souffrances, qu'il s'approfondisse par son bonheur, ou, plus sûrement encore ici-bas, par ses épreuves et ses sacrifices; en un mot, qu'il marche, et qu'il avance toujours, et qu'il augmente à chaque pas la grandeur de ses conquêtes et de ses dons.

Voilà pourquoi ce sera une si belle et si puissante chose que l'amour des élus dans le ciel. C'est que, rien n'interrompant sa marche, il ira, librement porté par un mouvement éternel, « de clartés en clartés, et de vertus en vertus vers le Dieu des Dieux en Sion [1]. »

Voilà encore, Messieurs, et vous le

---

[1] *Ibunt de virtute in virtutem, videbitur Deus Deorum in Sion.* Ps. LXXXIII, 8.

voyez du premier regard, pourquoi l'amour est rare sur la terre. Quel être créé sera digne d'être le but d'une telle marche, et d'entretenir la flamme d'une ardeur si constante? Quel bien mortel méritera cette affection toujours croissante? Dieu seul peut satisfaire de si vastes désirs sans les rassasier ni les éteindre. Voilà pourquoi, enfin, le Christianisme a fait une si grande chose en mettant Dieu entre les âmes qui s'aiment. Le Christianisme connaît le cœur de l'homme; il sait que dans tout profond sentiment d'amour il y a une secrète recherche de l'infini; et que, si cette recherche est l'écueil où viennent sombrer, dans la désillusion et le désespoir, les passions profanes, elle est au contraire le soutien et le salut des saintes affections, parce que, seule, elle peut soutenir la marche de l'amour, et le sauver en lui permettant de grandir. Oui, ô Dieu, en vous mettant vous-même dans les cœurs de vos chrétiens, vous leur assurez ce que le monde sans vous ne leur donnera jamais : la perpétuité de l'amour ! Vous leur apprenez à chercher en eux plus qu'eux-mêmes ; vous donnez à leur ardeur croissante un aliment inépuisable; vous les défendez des vulgaires écueils où vient se perdre l'amour profane qui, au lendemain de ses premières joies, expire en se disant éternel ; vous placez les nobles âmes qui s'aiment en vous sur un chemin où leur affection pourra toujours avancer, puisque vous êtes, ô Dieu, le seul et bienheureux abîme où puisse se perdre une si grande marche !

Cette loi de croissance et de constante

ascension, qui est la première loi de l'amour, est admirablement exprimée dans la sainte Écriture, quand elle dit, à la gloire du juste : Il a établi dans son cœur comme les degrés d'une ascension constante : *Ascensiones in corde suo disposuit* [1] ; et, cette louange, j'oserai bientôt l'appliquer à Dieu même, en vous montrant la marche de son amour pour les hommes.

J'ai appelé la seconde loi de l'amour, la *loi du terme*. C'est à savoir qu'à un moment de la marche, ne connaissant plus rien qui satisfasse ses désirs, ayant épuisé tous ses dons, l'amour ne trouve plus qu'une chose à faire, qui est de se donner soi-même, et d'épuiser ainsi en une seule fois, mais pour toujours, toutes les ressources de la générosité. Oui,

[1] Ps. LXXXIII, 8.

une heure vient, où après avoir tout donné, son intelligence, sa fortune, son temps, ses pensées, ses promesses, le passé, l'avenir, il n'y a plus qu'une démarche possible à celui qui aime, qui est de se donner enfin soi-même, de se donner pour toujours, de se remettre tout entier, et pour ne jamais se reprendre, esprit et biens, corps et âme, aux mains de celui qui a fait naître un si grand amour, et de connaître le ravissement de la pauvreté adorable d'un cœur qui peut se dire : « Je n'ai plus rien à moi, je n'ai plus rien de moi-même ! tout est donné, vraiment tout est donné ! »

Je trouve encore cette seconde loi gravée par la main divine dans la sainte Écriture, quand il est dit à la louange du Fils de Dieu, « qu'il sut aimer les siens jusqu'à la fin », c'est-à-dire jusqu'à l'excès, à la limite, au terme, « *in finem dilexit* [1]. »

Je crois, Messieurs, que vous ne contesterez ni l'une ni l'autre de ces deux lois, et que vous reconnaîtrez qu'un amour grandissant et un amour qui aboutit à se donner soi-même, est seul, devant Dieu et devant les hommes, le véritable amour.

C'est un tel amour que Dieu a connu pour les hommes.

C'est un tel amour que je vous propose de connaître et pour les hommes et pour Dieu.

Suivons, mes Frères, d'un œil rapide l'histoire de l'amour de Dieu pour l'homme ; vous y reconnaîtrez sans peine

[1] Jo. XIII, 1.

les deux lois que je viens de dire : la loi de la marche grandissante, et la loi du terme dans le don complet de soi.

Voyez Dieu combler d'abord de biens terrestres et de faveurs matérielles les familles patriarcales ; il semble que toutes ses largesses se ramènent à augmenter le nombre de leurs fils et la beauté de leurs troupeaux. Bientôt il y ajoute sa grande promesse, qui va toujours se développant et s'éclairant de génération en génération. Puis, cet amour ne lui suffit plus ; il appelle Abraham, il fait un pacte avec sa race, et se plaît à former une alliance avec le peuple qui sortira de lui. Il ne cesse, dès lors, d'éclairer les fils de son élection ; il bénit leur naissance , il choisit lui-même leurs épouses, il sanctifie leur couche nuptiale, il console leur lit de mort par les visions de l'avenir ; mais ce n'est plus assez. Il veut se faire plus intimement connaître à ce cher peuple ; il veut que sa loi éternelle soit gravée dans son cœur, et il charge son serviteur Moïse de la lui transmettre. Cependant, par la bouche de tous les hommes illustres d'Israël, il répète les promesses de son amour. Le temps des prophètes est venu. Il semble que l'amour divin ne puisse plus contenir son secret, tant les dernières révélations sont certaines et précises. Enfin, cet amour l'emporte ; le dernier des prophètes a parlé : les temps sont accomplis. Ce n'est plus l'heure des promesses ; ce n'est plus, pour l'amour, l'heure de la marche grandissante, c'est l'heure du don complet, parfait, total, l'heure de l'excès, l'heure du terme : Dieu donne au monde son Fils unique, et c'est ainsi que Dieu a aimé le monde : *Sic Deus dilexit mundum, ut Filium suum unigenitum daret*[1]!

Le Verbe incarné reprend, à son tour, la marche grandissante de l'amour divin ; il se donne d'abord à quelques-uns, rares et choisis. C'est à Marie, c'est à Joseph, c'est aux bergers de Béthléhem qu'il se fait connaître, pour rentrer aussitôt dans une longue obscurité. Puis, il réunit les apôtres, et commence par leur révéler en paraboles les premiers secrets du royaume des cieux. Bientôt, il les instruit davantage ; il laisse peu à peu tomber les voiles, et commence vraiment à leur ouvrir son cœur. Il leur apprend à prier, il les persuade par ses miracles, il guérit leurs malades, il ressuscite leurs

[1] Jo. III, 16.

morts, il leur enseigne que la loi de grâce a commencé sur la terre, et que la douceur de Dieu vient inaugurer son règne. Il leur donne chaque jour davantage, une part plus grande de lumière et d'amour. Un jour, le mouvement qui l'emporte est si fort, qu'il ne veut plus se nommer le maître, mais l'ami : *Jam non dicam vos servos, vos autem dixi amicos;* la raison qu'il en donne est bien digne de celui qui aime : « Tous les secrets éternels de mon Père, je vous les ai révélés : *Quæcumque audivi a Patre, nota feci vobis* [1]. » O partage de tous les secrets, tu es un témoignage infaillible des tendresses profondes ; et j'aime à connaître que le cœur de Jésus aimant les hommes n'a

[1] Jo. XV, 15.

plus rien de caché pour l'homme! Dès
lors l'amour s'empare en maître du cœur
divin; et, le temps approchant où il doit
quitter ses disciples pour marcher seul
aux outrages et à la mort, il ne connaît
plus de bornes aux effusions de sa tendresse. Il veut célébrer avec eux le repas
sacré. Ce sera la Pâque, la dernière Pâque de l'humanité antique, la première
de l'humanité nouvelle; il veut s'asseoir
à un festin avec ceux qu'il aime; il veut
tout leur donner, tout leur laisser après
soi; il commence avec ses chers bien-
aimés cet entretien ineffable qu'a rapporté l'apôtre saint Jean, et dans lequel
il leur parle un langage qui soutiendra
éternellement en ses détresses le cœur
de l'humanité. Vous les connaissez, Messieurs, les pages sacrées dont je parle en
ce moment; mais, vraiment, les connais-

sez-vous assez? Je parle des chapitres qui précèdent immédiatement, en saint Jean, le récit de la Passion [1]. Messieurs, relisez-les aujourd'hui. Je demande à cet intelligent auditoire de m'accorder cette grâce, ou plutôt de se l'accorder à lui-même. Oui, tous, en ce jour de la Fête-Dieu, relisons ces quatre chapitres où se trouvent recueillies les dernières paroles du Seigneur à la dernière cène, et qui renferment les suprêmes effusions de l'amour divin, c'est-à-dire tout ce que la terre a jamais entendu de plus sublime, de plus tendre et de plus bienfaisant. Lisons, lisons, Messieurs, mais lisons à genoux, en collant nos lèvres sur le texte saint, et en adorant l'excès où a été conduit notre Jésus par

____

[1] Jo. c. XIV, XV, XVI et XVII.

cette marche ascendante de l'amour qui l'emporte depuis la crèche jusqu'à la croix!

Mais, que parlé-je d'excès? Chrétiens, j'ai bien d'autres choses à vous dire! Jusqu'à présent Jésus obéit dans son amour à la loi de la marche ascendante; le moment vient où il rencontre la loi du terme, et vous savez avec quel généreux abandon il s'y soumet. Oui, l'heure est venue, où ayant tout donné, il n'y a plus qu'une chose à faire pour ce Dieu pris d'amour, qui est de se donner soi-même; et comme l'amour divin n'est pas destiné, ainsi que l'amour mortel, à faire seulement la force et la félicité de deux êtres, mais à suivre l'humanité dans le cours de son histoire, et à la soutenir dans toute la suite de son pèelrinage terrestre, il faut qu'il invente un prodige pour transmettre

19.

à tous les hommes la présence réelle et la réelle jouissance de son corps et de son sang. Voilà le terme, voilà l'excès, voilà l'abîme de l'amour; mais l'amour ne recule point, et Jésus nous a aimés jusqu'à cet abîme : « *In finem dilexit.* »

Où sont-ils, ceux qui ne voient rien dans nos mystères eucharistiques, et qui ne découvrent ni dans leur raison, ni dans leur cœur un seul argument qui les soutienne? Je les plains, et je les trouve trop ignorants de la plus grande des lois qui commandent au cœur de l'homme. « Donnez-moi celui qui aime, s'écrie saint Augustin, et il comprendra ce que je dis : *Da amantem, et sentit quod dico.* » Donnez-moi le cœur de l'humanité, ce cœur souffrant dans l'insuffisance de ses biens périssables, et affamé de la posses-

sion d'un amour substantiel et parfait, et
ce cœur va comprendre le don de Jésus.
Au fond, Messieurs, c'est cet indestruc-
tible instinct du cœur qui est la grande
garde de nos mystères eucharistiques.
Oui, je le veux bien, la connaissance ha-
bituelle y est troublée, la vue s'y étonne,
le tact s'y trompe, la raison hésite : « *Vi-
sus, gustus, tactus in te fallitur* »; mais
« le cœur a ses raisons que la raison ne
connaît pas [1]; » et le cœur comprend
qu'ayant aimé les hommes comme l'a
fait Jésus, il fallait venir jusqu'au terme,
jusqu'à la fin, jusqu'à l'abîme de l'amour,
jusqu'au don complet de soi. Oui, cela
était sage et logique! Malheur à l'homme
qui déclarerait ici ne rien comprendre :
moi, je déclare que je ne comprends pas

[1] Pascal.

cet homme, et je lui demande s'il a jamais aimé !

O Verbe incarné, je vous adore avec ces chrétiens dans le terme extrême où vous a conduit votre amour pour les hommes : *In finem !* Si j'avais la sainteté des saints, j'oserais maintenant, Seigneur, imiter leur audace, et parler, sur la grandeur de vos tendresses, leur ardent et libre langage. Mais l'infirmité me retient dans la prudence, et je ne dirai plus rien de votre don suprême, si ce n'est encore une fois qu'étonnant pour la raison, il n'est pas même étonnant pour le cœur, et qu'il est, bien au contraire, dans toutes les convenances de la grande loi de l'amour.

Mais vous, Chrétiens, comprenez-vous maintenant combien vous êtes chéris de Dieu? Aviez-vous médité jamais cette marche ascendante de l'amour de votre Jésus, aviez-vous sondé l'abîme où elle le mène? Ah! si c'est un bonheur sur la terre que d'être aimé par un fils de l'homme, s'il y a dans l'étreinte d'une amitié pure et fidèle une étincelle si puissante d'orgueil sacré, de douce et profonde joie, et si, parlant des luttes et des victoires de l'amour, la sainte Écriture a osé dire « qu'il est plus fort que la mort, *fortis ut mors dilectio*[1], » qu'allons-nous donc ressentir, Chrétiens, à la pensée bienheureuse d'être tant aimés de notre Dieu, et de lui inspirer, si j'ose le dire, cette passion qui le conduit à ne plus pouvoir vivre sans mourir pour nous, et à ne pouvoir mourir sans s'être donné corps et âme, à nous tous et pour

[1] Cantic. VIII, 6.

toujours? O excès de l'amour de Jésus-Christ! quelle sera la profondeur de la reconnaissance des chrétiens? quelle sera la dignité de leur propre amour? Parlons encore sur un si grand sujet.

II

L'amour de Dieu pour les hommes est essentiellement provocateur : il veut être imité; il veut être reproduit dans l'âme humaine, il voudrait, ce semble, être égalé.

« Comme le Père m'a aimé, dit le Sauveur, et comme je vous ai aimés, ainsi demeurez dans mon amour : *Sicut dilexit me Pater, et ego dilexi vos, manete in dilectione mea*[1]. » Et encore : « Voici le commandement nouveau : Comme je vous ai aimés, aimez-vous les uns les autres : » *Ut diligatis invicem sicut dilexi vos* [2]. »

Ainsi vous le voyez, Messieurs, et à l'égard de Dieu, et à l'égard des hommes, nous n'avons qu'un exemple à suivre dans notre amour : un seul nous est proposé : l'amour même de Dieu : « *Aimez comme j'ai aimé; ut diligatis sicut dilexi.* »

Il faut donc que se retrouvent, dans notre amour pour Dieu et pour les hommes, les deux grandes lois qui règlent les destinées de l'amour divin, la loi de

[1] Jo. XV, 9.
[2] Jo. XIII, 34.

la marche grandissante, et la loi du terme dans le don complet de soi.

Messieurs, aimez - vous Dieu ? — Étrange et terrible question ! nécessaire cependant à se poser dans le silence du cœur. Hélas ! ne vous étonnez pas, si, dans ce moment, descendant en vous-mêmes, vous n'entendez pas la nette et ardente réponse que vous voudriez entendre. Il y a des âmes, même très-bonnes et très-pures, qui ont reçu les enseignements de la foi, qui croient et qui agissent selon leur croyance, mais auxquelles n'a pas été révélé ce que c'est que d'aimer Dieu. Elles demeurent ainsi, quelquefois longtemps, dans une sorte de froideur insensible à l'égard même du Sauveur Jésus-Christ ; le crucifix ne leur dit rien, et des années s'écoulent sans qu'une larme soient tombée de leurs yeux sur les pieds du Seigneur. Je ne condamne pas ces âmes. Ce n'est pas à tous que Jésus-Christ fait la grâce d'un amour sensible pour sa personne et pour sa croix; et je reconnais d'ailleurs qu'il peut y avoir dans les âmes un amour substantiel et fort, un amour de devoir, qui suffise à faire accomplir les obligations de la vie chrétienne, sans la douceur de cet amour sensible qui est plutôt une récompense et une grâce de choix.

Cependant, Messieurs, ne raffinons pas trop; ne faisons pas trop les forts. Nous avons grand besoin d'aimer Dieu et de sentir que nous l'aimons; et c'est une heure bienheureuse entre toutes que celle où nous est faite la révélation de cet éternel amour! Il est rare qu'elle se fasse dans l'enfance, si ce n'est à l'approche de la mort, et dans ces maturités rapides et précoces qu'apporte tout à coup aux âmes des petits enfants le voisinage pressenti de l'éternité. Elle accompagne plus souvent, dans les cœurs purs, l'apparition des premières douleurs. Souvent aussi, elle est le don sacré d'une âme qui s'est penchée sur la nôtre, et qui lui a transmis le secret de l'amour divin. C'est le plus grand lien qui puisse exister entre deux âmes sur la terre, et le sujet inaltérable de la plus intime reconnaissance! Quoi qu'il en soit, et de quelque manière que l'amour de Dieu ait été révélé à une âme, à partir du moment où il l'a touchée, il faut qu'il grandisse, il faut qu'il connaisse la loi de la marche, il faut qu'il croisse dans le cœur avec les années; il faut qu'il devienne le centre de tout ce qui se passe en l'homme, et que tout ce qui s'agite dans la destinée humaine serve à le fortifier et à l'agrandir!

Si ce sont les douleurs qui viennent, bénies soient les douleurs, pourvu que l'amour de Dieu s'en nourrisse, et qu'il y trouve son dégagement et sa liberté! Oui, profitez, ô Dieu de nos cœurs, profitez de nos luttes, de nos privations, de nos saints désirs brisés, de nos amertumes solitaires, de nos combats intérieurs et de ces brûlantes larmes qui tombent en secret sur vos pieds, quand la nuit et le silence ont endormi la surveillance du monde, et qu'un peu de respect est accordé enfin à nos douleurs! Nous ne demandons pas mieux que de vous voir grandir dans nos chagrins, et de sentir que vous êtes le seul trésor que ne peuvent séparer de nous la colère et la jalousie des hommes !

Si c'est le bonheur et la joie qui nous viennent, si nous voyons aux ténèbres de l'orage, succéder la riante sérénité des jours heureux, ô Dieu, profitez alors de notre bonheur ! que la félicité de notre vie se tourne en hymne d'actions de grâces pour vous ! que le souvenir des larmes tempère et règle l'ardeur des joies ! que les joies de la terre nous inclinent à celles du ciel ! que nous comprenions toujours que s'il est doux d'être heureux sur la terre, ce sera une ineffable douceur d'être heureux éternellement en vous ! que votre amour grandisse donc dans notre bonheur !

Si c'est l'obscurité qui nous attend, grandissez, ô saint amour, dans le secret d'une vie cachée. Soyez le soutien de travaux et de luttes, que les regards des hommes ne connaîtront pas, et l'aliment d'une ardeur qui ne se dépensera que pour vous!

Et si vous nous ordonnez de paraître parmi les hommes, et d'y remplir des offices publics, devenez de plus en plus, ô Dieu, la règle de nos actions, le but de nos efforts, la loi de notre vie. O Dieu, qui êtes toute vérité, toute sainteté, toute beauté, tout honneur et toute justice, donnez-nous de grandir dans l'amour de tout ce que vous êtes! donnez-nous de plus en plus la bienheureuse incapacité de trahir la vérité dans notre langage, d'abandonner la justice là où nous la voyons outragée, d'applaudir aux succès du mensonge, de pactiser avec les prospérités du mal, de suivre en vaincus les triomphes de la violence, de trembler

20.

enfin et de nous taire devant les hautaines insolences des impies.

Donnez-nous, en un mot, cet amour grandissant, qui, à mesure que notre vie s'avance, rendra nos jours plus dignes d'être bénis de vous et notre cœur plus semblable au vôtre.

Et puis, Messieurs, un jour viendra, où, ce que nous aurons fait jusqu'alors pour Dieu nous paraissant insuffisant, nous ressentirons le bienheureux désir d'en faire davantage, et de nous donner tout à lui dans une offrande définitive. Quelle forme prendra ce don, Messieurs? je l'ignore. Il y a presque autant de manières de l'accomplir qu'il y a d'âmes diverses dans une grande assemblée. Il s'en faut bien que la vie religieuse soit la seule manière d'accomplir ce don. Le magistrat peut se donner tout à Dieu sans quitter le siége de la justice ; le soldat, sans quitter l'épée ; l'artiste, sans quitter l'archet ou le pinceau ; tout se passe dans le secret des cœurs ; tout s'accomplit au dedans, et le plus grand des sacrifices est souvent celui qui échappe le plus aux regards des hommes.

Oserai-je aller plus avant ; et ne m'adressant plus à cette assemblée tout entière, mais à quelques âmes choisies, oserai-je leur proposer enfin un don supérieur d'elles-mêmes ? Certes, je puis et je dois le faire ; et autant je serais injuste si je n'avais montré qu'il est possible d'appartenir à Dieu dans la vie du monde, autant je serais infidèle à l'esprit divin si je ne parlais d'un don plus parfait qu'il demande à quelques âmes privilégiées. Heureuses donc et trois fois heureuses les âmes virginales, que, dès le matin de leur jeunesse, Dieu prend pour son service ; et qui, dans la marche grandissante de leur cœur, rencontrent de bonne heure le terme béni de l'absolu don de soi et du complet abandon ! Mon Seigneur est un grand roi et un tendre et fidèle époux ; et glorieux est le sort de celles qui lui donnent, dès la première heure, une tendresse, un dévouement, et tous ces trésors du profond amour qu'elles refuseront de donner aux hommes !... Et vous, Messieurs, jeunes frères et amis, si au détour d'un chemin de votre jeunesse, et au sein même de votre fière liberté, Jésus-Christ vous dit le mot éternel qui fait les apôtres, « *viens, et suis-moi*[1], » comprenez que l'honneur qui vous est fait est grand ; courbez la tête sous le

---

[1] Luc, V, 27.

poids d'une gloire trop sainte, et acceptez en tremblant, mais en aimant, cette couronne du sacerdoce qui a ses épines comme celle du Christ, mais qui n'ensanglante le front de l'homme que pour l'amour des hommes et pour la gloire de Dieu !

Je viens de dire l'amour des hommes, et c'est ma dernière pensée.

Vous le savez, Messieurs, Dieu ne sépare jamais de son amour l'amour des hommes, et il vous les demande l'un et l'autre dans un seul et même commandement.

Il veut, de plus, que vous aimiez les hommes comme il les a aimés lui-même : *sicut dilexi*, c'est-à-dire que votre amour pour eux connaisse les deux lois d'une marche grandissante et d'un don complet de soi-même.

Depuis le commencement des temps chrétiens, le cœur de l'homme a singulièrement grandi dans l'intelligence et dans l'amour de ses frères. Je redirais ici l'heureuse histoire de ce progrès chrétien, si elle n'était trop connue de tous, et si cette gloire de l'Évangile n'était devenue comme banale. Et toutefois, Messieurs, quand on regarde l'Évangile, quand on voit les admirables semences de charité que Jésus-Christ apportait au monde, que renferme fidèlement le livre divin et dont l'Église est l'incorruptible gardienne, on ne peut, ce me semble, se défendre d'un étonnement : c'est qu'il n'y ait pas plus d'amour vrai parmi les hommes! c'est que le progrès social ait subi et subisse encore des retards et des arrêts si cruellement prolongés! Non ! non ! la terre n'est pas aujourd'hui ce que Dieu la veut! Non! ce n'est pas là, et il s'en faut, ce que Dieu veut de nous! Notre Europe présente, depuis trop long-temps, un triste et scandaleux spectacle par ses divisions, ses guerres sanglantes, ses complicités avec la violence et la ruse, ses silences impardonnables devant les victoires de l'iniquité. On a dit courageusement que depuis un siècle « *l'Europe est en état de péché mortel* [1]. » Encore une fois, il y a là un scandale capable de jeter certaines âmes dans des doutes cruels, s'il fallait croire que le Christianisme ait achevé son œuvre, et que tout le résultat de l'Évangile dût être ce que nous voyons. Mais non, Dieu merci, nous ne le croyons pas! Nous croyons, bien au contraire, que

[1] Le P. Gratry.

nous sommes encore un commencement des choses chrétiennes, et comme une ébauche imparfaite de cette grande créature évangélique qui gouvernera plus tard le globe dans la justice et dans l'amour : *Initium aliquod creaturæ* [1]. Le comte de Maistre disait : « On parle beaucoup des premiers siècles du Christianisme : en vérité, je ne voudrais pas assurer qu'ils sont passés [2]. » Nous acceptons avec joie cette pensée d'espoir, et nous attendons l'avenir avec la foi profonde que de meilleurs jours se lèveront pour les hommes.

C'est à nous, Messieurs, de hâter la venue de ces jours ; c'est à nous de hâter la venue du royaume de Dieu, en nous appliquant dès aujourd'hui à servir tous les no-

---

[1] Jac. I, 18.
[2] Du Pape, ch. **V**.

bles progrès de l'humanité avec un saint et ardent amour, avec un amour grandissant, non-seulement dans son ardeur, mais aussi dans son intelligence et dans ses recherches.

Commençons, si vous le voulez, par ce qu'il y a de moins élevé dans l'homme, et servons-le d'abord dans les détresses de son corps.

Ne soyons pas, Chrétiens, de ces pauvres humanitaires, qui, ne voyant jamais l'âme dans la créature humaine, ne veulent entendre parler que de progrès matériels. L'impuissance de ces bienfaiteurs aveugles est trop constamment démontrée pour qu'on puisse être tenté de s'en tenir à leurs courtes vues. Mais ne soyons pas de ces raffinés et de ces subtils, qui, de leur côté, ne veulent connaître que l'âme, et trouvent qu'on les abaisse si on les veut intéresser aux souffrances physiques des hommes. Tel n'était pas le Sauveur : « *Non ita didicistis Christum*[1]. » Partout où il a rencontré une souffrance humaine, Jésus s'est arrêté devant elle avec respect et compassion. Quand on lui a présenté des malades, ses mains se sont étendues pour les guérir; toutes les fois que la souffrance d'un mendiant a crié vers lui, lui s'est détourné de son chemin et il a porté à ce pauvre la guérison de ses membres meurtris en même temps que la parole de la consolation éternelle. Il a touché de ses doigts divins les plaies des lépreux ; il a frémi devant le tombeau de Lazare; il a pleuré sur les jeunes morts, sur le fils de la veuve, sur

[1] Ephes. IV, 20.

la fille du centurion. Ne soyons pas plus dégagés de la terre, ni plus *spirituels* que le Fils de Dieu, et sachons frémir devant les douleurs de l'homme.

Ne voyez-vous pas que le corps de l'homme souffre? il souffre de la faim, il souffre du froid, il est mal nourri et mal vêtu; il est écrasé par un travail excessif, qui, au lieu d'employer la vie et d'exploiter régulièrement les forces, use les forces, détruit la vie, et ne permet plus à cet être, devenu un rouage de chair dans une machine, de respirer l'air de Dieu et de s'éclairer à son soleil. Messieurs, c'est à ce corps souffrant qu'il faut aller. Ce corps est la plus sainte des œuvres matérielles de Dieu; cette chair a été prise par Jésus-Christ, vivifiée de son sang, purifiée par sa chasteté, transfigurée sur le Thabor, consacrée à jamais, comme l'hostie par excellence, sur la croix. Il n'en faut parler qu'avec respect, il ne faut mépriser aucune de ses pauvretés, il ne faut rester sourd à aucun de ses gémissements. D'ailleurs, et vous le savez mieux que moi, l'état physique des hommes a un rapport immédiat avec leur état moral, et c'est déjà travailler pour l'âme du peuple que de combattre la misère et la faim, ces sombres amies des mauvais conseils. Je voudrais vous conjurer, Messieurs, de consacrer une grande part de votre vie à l'étude de l'économie politique dont le but admirable est de diminuer la souffrance de l'homme sur la terre, et d'améliorer sa condition. Il faudrait que, dans les temps où nous sommes, un chrétien intelligent et libre ne se laissât dépasser par personne dans l'étude et dans l'application pratique des sciences sociales. Nous ne devrions pas souffrir, nous chrétiens, que quelqu'un dans le monde parlât mieux que nous sur ces grandes questions qui agitent si puissamment et si légitimement les esprits de ce siècle, et que l'Évangile a seul soulevées dans le monde . les questions du paupérisme, du travail, de la famille, des associations, des secours mutuels, des caisses de retraite, des asiles, des crèches, du travail des femmes, du travail des enfants, questions d'une importance absolue, et qui intéressent les fondements essentiels de la société humaine.

Il faudrait, j'ose le prétendre, Messieurs, que nous fussions à la tête de toutes les entreprises d'amélioration sociale; que chacun de nous, parce qu'il est chrétien, fût sensible à l'excès sur tout ce qui se passe dans le monde à cet égard. Le chrétien est un homme auquel Jésus-Christ a confié tous les hommes. Rien de ce qui regarde l'intérêt d'un seul ne peut lui être étranger. Il faudrait qu'il n'y eût pas une invention, pas une découverte, pas une organisation nouvelle, pas une association bienfaisante, pas un essai pour soulager une souffrance, pas une tentative, pas une machine destinée à alléger le travail humain, sans que nous fussions là, les premiers à les connaître, à les étudier, à les développer, à y donner du temps, de l'argent, des efforts, l'ardeur, l'espérance, la vie ; il faudrait cela, Messieurs. Là est notre devoir certain, notre devoir à tous.

J'entends dire qu'en ce moment même de généreux esprits se préoccupent de la question des guerres. Il est certain, Messieurs, que l'honneur chrétien est menacé par l'état actuel de la guerre. Les moyens de destruction étant devenus terribles, sans que les moyens de secours aient été développés dans une égale proportion, il en résulte d'inexprimables souffrances et des délaissements atroces que ne peut supporter le regard chrétien. Quand, en quelques heures, un champ de bataille est jonché de cinquante mille hommes, que peuvent faire, je vous le demande, pour soulager de pareilles détresses, les secours de la prévoyance ordinaire? C'est le point sur lequel en ce moment de nobles âmes portent leurs vives et actives préoccupations[1]. Je vous

[1] Voyez les travaux et les résolutions du Congrès international de Genève, du 22 août 1864, pour « *adoucir les maux inséparables de la guerre, supprimer les rigueurs inutiles et améliorer le sort des militaires blessés sur les champs de bataille.* » Douze souverains d'Europe ont déjà solennellement accepté les décisions de ce Congrès. — On aime à savoir qu'un si

demande, Messieurs, de ne point demeurer étrangers à ces excellents efforts, et d'apporter à la solution de ce terrible problème les lumières de vos propres études, et plus encore les inspirations d'un cœur chrétien.

Surtout, ne vous effrayez ni ne vous découragez, en considérant le nombre et la gravité des questions qui attendent de vous une réponse efficace : chaque siècle a ses problèmes, et c'est une gloire pour l'humanité que le courage avec lequel elle les fait surgir. Plus la conscience d'un homme est éclairée sur elle-même, plus

grand résultat a été obtenu par le dévoucment et la persévérance de quelques âmes généreuses, et en particulier de M. Henry Dunant, jeune diplomate, qui, à la suite de la dernière guerre d'Italie, résolut de consacrer sa vie à l'étude de cette grande question. Il y a là un admirable exemple de ce que peut faire dans le monde une inspiration chrétienne acceptée avec dévouement par une seule âme.

elle voit les moindres taches qui altèrent sa pureté. Il en est de même de l'humanité chrétienne; plus elle avancera dans l'esprit évangélique, plus elle découvrira des problèmes nouveaux, nécessaires à résoudre pour le progrès et l'élévation sociale des hommes. Encore une fois, il faut savoir payer sa gloire et grandir dans l'Évangile!

Mais s'il faut aimer l'homme dans les besoins et les souffrances de son corps, comment vais-je dire qu'il faut l'aimer dans son âme? L'homme est souffrant dans son esprit plus encore que dans ses membres. La masse des hommes est pauvre dans son intelligence; elle sait peu de chose; ce peu elle le sait mal, et le peu qu'elle sait la corrompt parce que c'est l'erreur qu'elle connaît. C'est à vous, Messieurs, à vous plus favorisés sous le rapport des dons intellectuels, de travailler avec un courageux dévouement à éclairer ces intelligences appauvries, et de leur donner la pure lumière du vrai, du beau et du bien dans une forme appropriée à leur faiblesse, et digne, cependant, de leur divine origine. Messieurs, pensez et écrivez pour les classes populaires; mais sachez que c'est une œuvre difficile et qui exige de grands soins. Nous n'avons point su, jusqu'à ce jour, écrire pour le peuple. Notre littérature chrétienne populaire a revêtu beaucoup trop souvent les formes d'une naïveté niaise ou d'une trivialité de circonstance qui l'ont signalée à la défiance et au dégoût des lecteurs. Ce que nous avons écrit jusqu'à ce jour pour le peuple, l'ouvrier intelligent et libre penseur a dédaigné de le lire. C'est à nous de le savoir, Messieurs, et de consacrer de sincères efforts à la réforme de cette part si importante de nos travaux.

Je me demande encore si, dans le service intellectuel des hommes, nous avons su profiter autant qu'il le fallait des armes que la Providence mettait en nos mains. Avons-nous su, par exemple, nous catholiques de France, nous emparer de la presse comme nous l'eussions pu faire, surtout de la presse périodique, et soutenir le combat sur ce terrain de la libre discussion et du droit commun qui sera désormais, n'en doutez pas, Messieurs, le seul terrain de nos victoires? N'avons-nous point été détournés de ce libre combat par des hésitations, des répugnances, des divisions éternellement regrettables; n'avons-nous point abandonné la puis-

sance prodigieuse de cette arme spirituelle aux mains des adversaires de nos
plus saintes convictions? Que diriez-vous,
Messieurs, d'une nation européenne qui
aurait jusqu'à ce jour négligé de se servir de la vapeur? Vous diriez que Dieu
ayant fait la vapeur pour centupler les
forces connues de l'homme, il est ab-
surde et coupable de négliger un si
grand don de la Providence, et qu'on
peut prévoir pour ce peuple d'étranges
revers. Je n'hésite pas à dire que la presse
est pour nous tous, aujourd'hui, un secours d'une nécessité non moins rigoureuse; et que négliger de connaître et
d'employer une telle arme, c'est nous
rendre coupables et envers Dieu qui
nous la donne, et envers les hommes
auxquels nous devons l'apostolat de la
justice et de la vérité.

Ayons donc, Messieurs, un amour courageux et élevé pour l'intelligence des hommes. Ayons surtout un amour dévoué pour leur âme tout entière, pour leur grandeur morale, pour leurs vertus, pour leur sainteté, pour ce qu'il y a de plus sacré en eux. Connaissons pour eux, non-seulement l'ardeur d'une charité grandissante, mais aussi le dévouement total, le don absolu, la loi du terme, « *in finem*, » et cette résolution définitive qui porte de nobles âmes à consacrer toute leur vie, toute leur fortune, tous leurs travaux à l'amélioration religieuse et sociale de leurs frères.

Messieurs, il y a deux races d'hommes sur la terre. Il y a la race des hommes qui font du mal aux âmes, et il y a la race de ceux qui leur font du bien. Ces deux races sont également ardentes et puissantes dans le monde. Elles se séparent en tout ; elles se contredisent en tout ; elles sont aussi contraires l'une à l'autre que Dieu et le mal. L'une porte aux âmes, avec audace et impudeur frénétique, le scandale, le mensonge, la souillure, la violence, la trahison, le déshonneur, les larmes brûlantes, le désespoir. Elle y trouve son plaisir, et elle fait cela. L'autre porte aux âmes le respect, l'amour, la lumière, la joie des choses pures, les affections immortelles, l'honneur, le courage pour ce monde et l'espérance pour le ciel. Elle aussi, elle trouve sa joie dans cette œuvre, et elle ne vit plus que pour l'accomplir. Comment vous ferai-je reconnaître les deux races dont je parle ? quels signes vous donnerai-je de leur présence ? Elles se partagent le monde, elles sont partout. On les découvre à je

ne sais quelle démarche, à je ne sais quel
trait inattendu. Il y a tel homme qu'on
devine, à un regard, à un signe, au coin
d'une rue de cette cité, pour appartenir
à la race effroyable des hommes qui font
du mal aux âmes; pour être de ces élé-
gantes bêtes fauves qui rôdent le soir, en
appétit et en chasse... et qui deux heures
plus tard ne rêvent déjà qu'à la victime
du lendemain. Il y a cette race; et il y a
celle des fils de Dieu, de ceux qui ont
aussi leurs ruses, leurs inventions et leur
audace, mais pour sauver cet adorable
objet qui est l'âme humaine, pour l'arracher à la fange de la misère, du libertina-
ge, du désespoir, et la jeter consolée et relevée dans le sein de Dieu! Ah! Messieurs,
mourir avec la joie sacrée de savoir qu'on
n'a jamais fait le moindre mal à une
seule âme! Mourir avec la confiance de

n'avoir jamais scandalisé un seul de ces petits dont le Seigneur disait : « Leurs anges contemplent la face du Père qui est au ciel[1] ! » Mourir avec la certitude bienheureuse de n'avoir jamais profité d'une infirmité, abusé d'une pauvreté, trompé une ignorance ; avec l'honneur de n'avoir jamais rencontré devant soi la faiblesse sacrée de la fille de Dieu que pour la respecter, la protéger et la défendre ; mourir enfin, en se disant qu'on n'a jamais étendu d'un pouce l'empire du mal sur la terre, mais qu'on a étendu, au contraire, les limites sacrées de l'empire du bien ; qu'on a dépensé son esprit, ses années, sa fortune et ses forces à soutenir le règne de la vérité et de la justice : quelle joie, Messieurs, quelle incomparable consolation, quelle ferme

[1] Matt. XVIII, 10.

assurance au milieu des ombres des derniers moments, quel honneur devant les hommes, quelle protection devant Dieu !

Cette gloire sera la vôtre ; et, en terminant ce discours, je conjure le Dieu qui vous donne aujourd'hui tous les exemples de l'amour parfait, de le mettre en vos cœurs et de vous faire, pour lui et pour les hommes, le don d'une charité invincible, qui, à partir de ses commencements, grandisse toujours, et connaisse enfin le terme d'un complet abandon.

Messieurs, ne sortez pas de cette église sans avoir fait à Dieu une promesse solennelle : celle de grandir dans son amour, et de grandir aussi dans l'amour intellectuel et pratique des hommes !

Faites un si grand serment avant de quitter cette enceinte. Qu'il demeure au pied des autels, sous la protection des anges qui gardent ce sanctuaire. Qu'il soit le dernier lien entre nous : entre celui qui a parlé, et le noble auditoire dont la généreuse sympathie a soutenu les faiblesses de la parole. J'aurais, Messieurs, et vous le sentez bien, plus que des remercîments à vous faire; et si je n'écoutais que les mouvements de mon cœur, je vous les adresserais profonds et prolongés. Mais je pense que, dans les choses de Dieu, c'est à Dieu seul d'acquitter les dettes de la reconnaissance. Soit donc oublié tout ce qui doit l'être, et ne nous souvenons que des grâces reçues d'en haut! Je supplie le premier et suprême Amour dont nous célébrons la fête de vous bénir aujourd'hui : vous, vos familles, vos devoirs, vos périls, vos combats; je le supplie de vous accorder jusqu'à votre dernier jour la grâce d'un amour grandissant, et de nous conduire enfin jusqu'au terme bienheureux de cette fête éternelle où je le conjure de nous assembler tous, — oui, tous, ô Dieu Sauveur! car, j'ose vouloir que pas une seule ne périsse des âmes ici présentes dans ce grand et cher auditoire! Ainsi soit-il!

FIN.

TABLE.

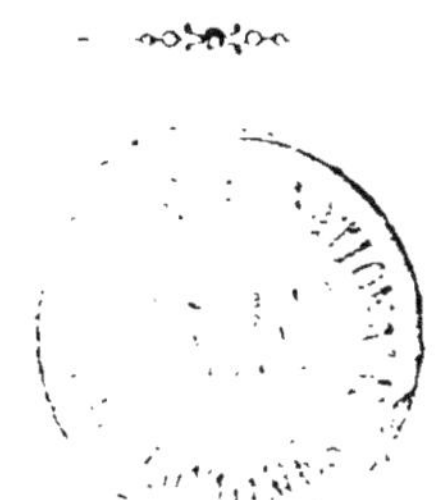